ASTRID FRANCHET
ÉDITIONS

Merci à Beaty, Catherine, Philippe et Rémi.

Katja Berlin · Pierre Verdier

Ce que nous faisons quand l'ascenseur ne vient pas

Enfin des statistiques qui nous font rire !

ASTRID FRANCHET
ÉDITIONS

Préambule

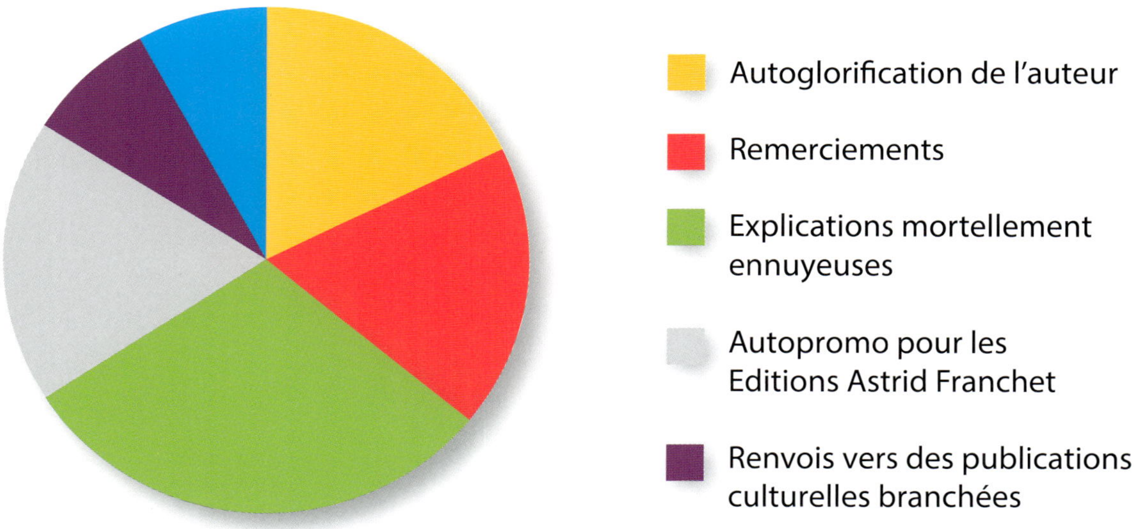
Autoglorification de l'auteur
Remerciements
Explications mortellement ennuyeuses
Autopromo pour les Editions Astrid Franchet
Renvois vers des publications culturelles branchées
Chute inattendue et drôle

Mes méthodes pour réparer

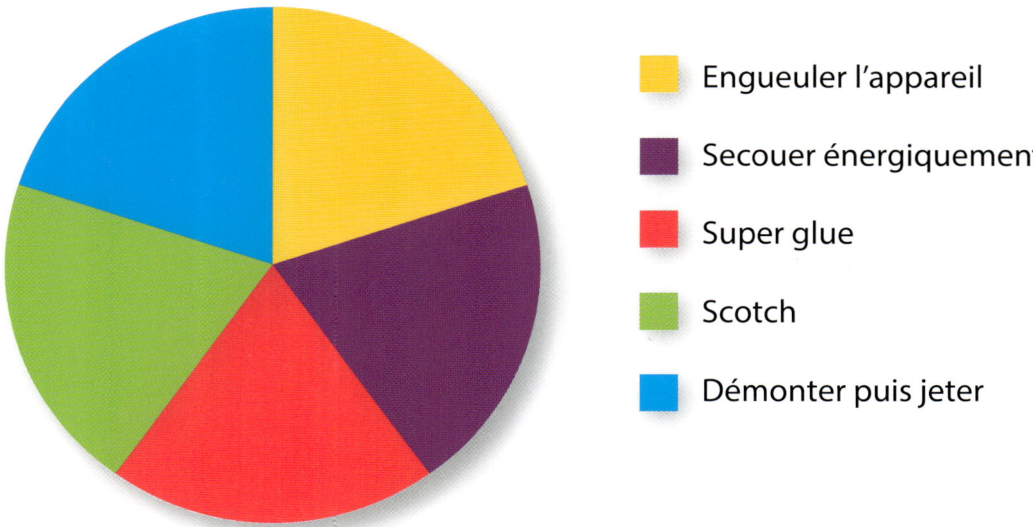

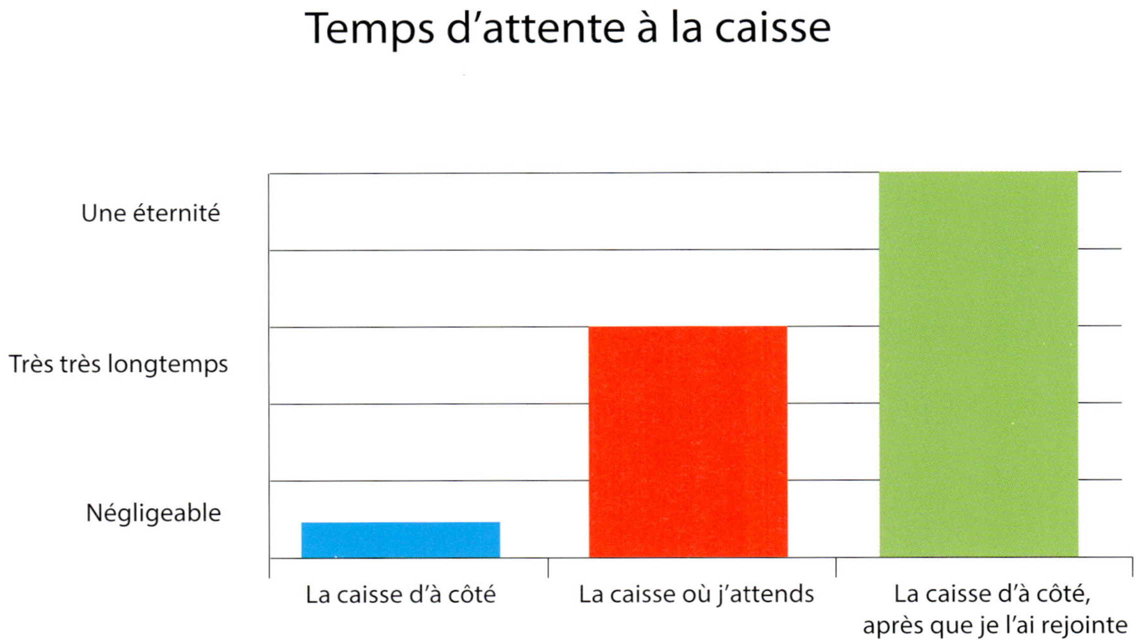
Temps d'attente à la caisse
Une éternité
Très très longtemps
Négligeable
La caisse d'à côté
La caisse où j'attends
La caisse d'à côté, après que je l'ai rejointe

L'effet des bougies parfumées

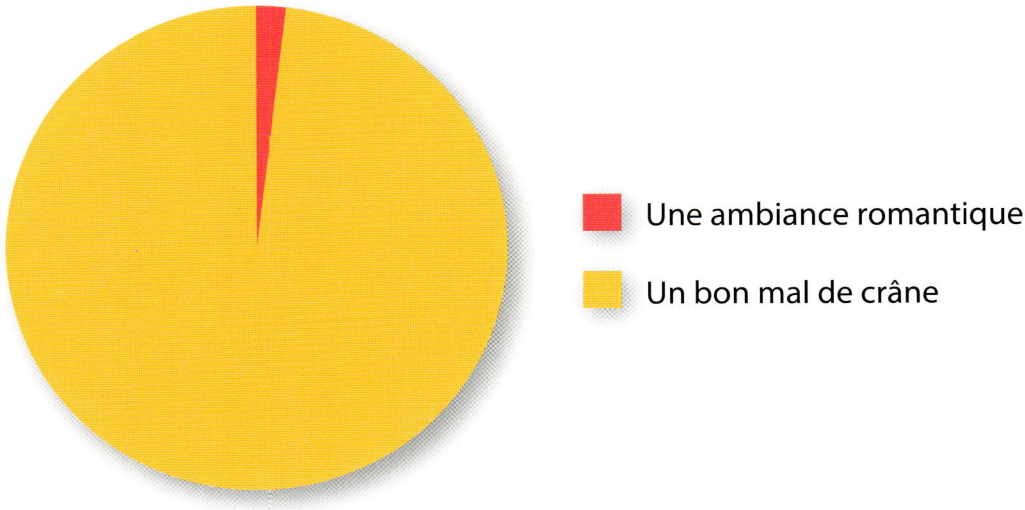

Degré de maturité d’un avocat

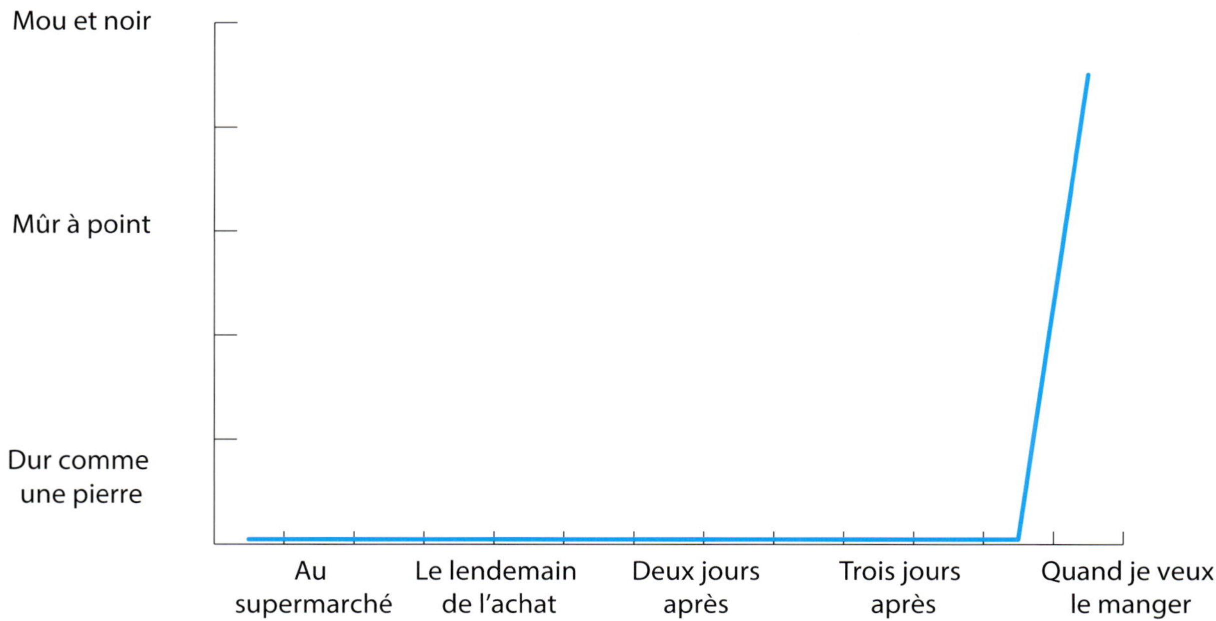

Ce que je fais en attendant que les toasts soient grillés

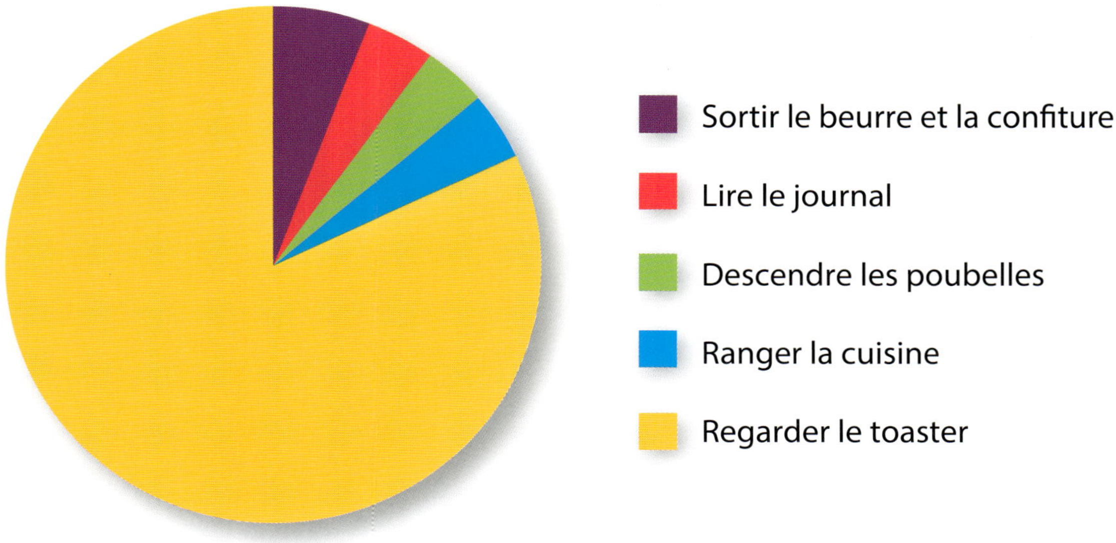

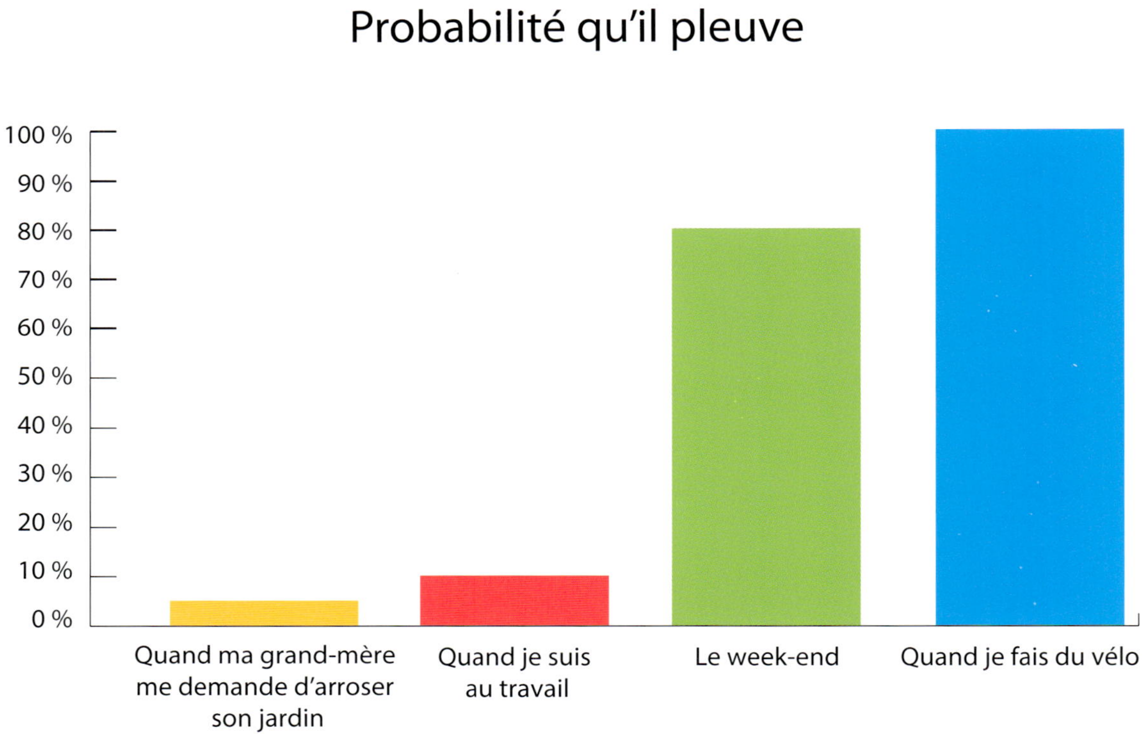
Probabilité qu'il pleuve
100 %
90 %
80 %
70 %
60 %
50 %
40 %
30 %
20 %
10 %
0 %
Quand ma grand-mère me demande d'arroser son jardin
Quand je suis au travail
Le week-end
Quand je fais du vélo

Les problèmes de l'aristocratie

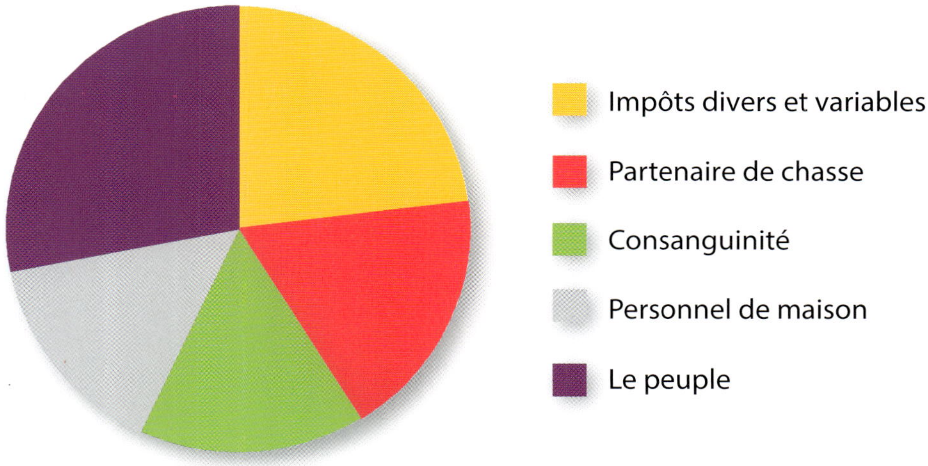

Acceptez-vous les Conditions Générales d'Utilisation ?

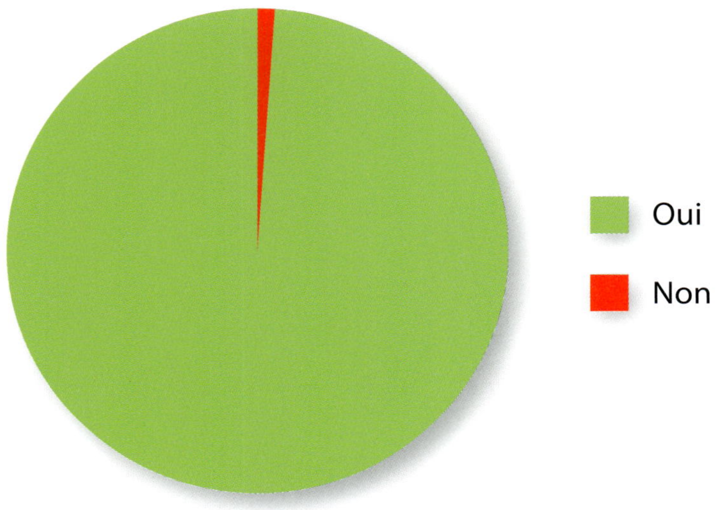

Avez-vous lu les Conditions Générales d'Utilisation ?

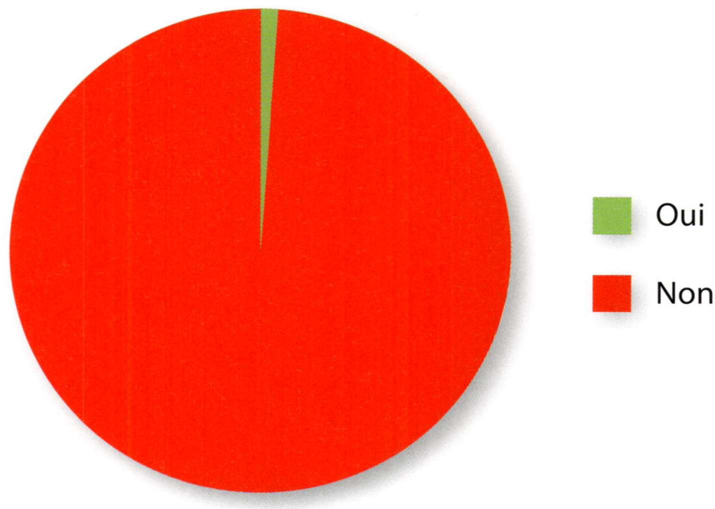

Comment les enfants jugent leur intelligence (par rapport à celle de leurs parents)

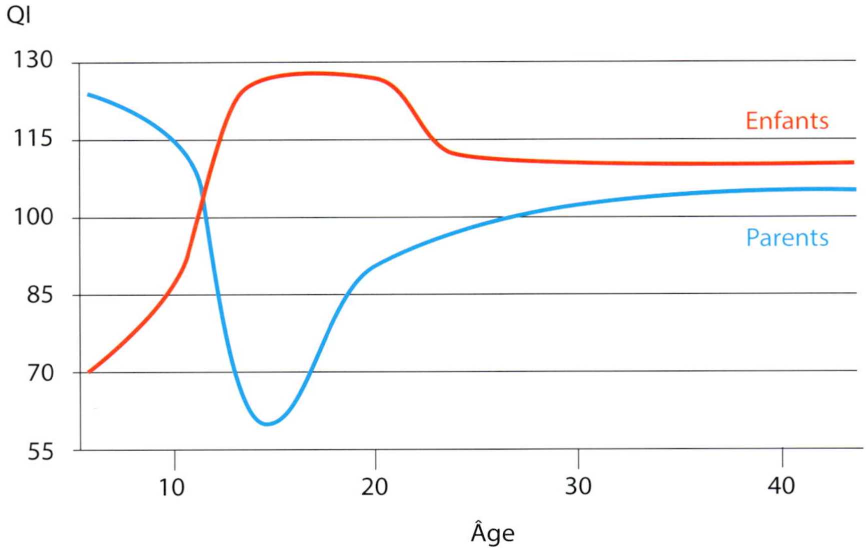

Les accompagnements que les hommes préfèrent

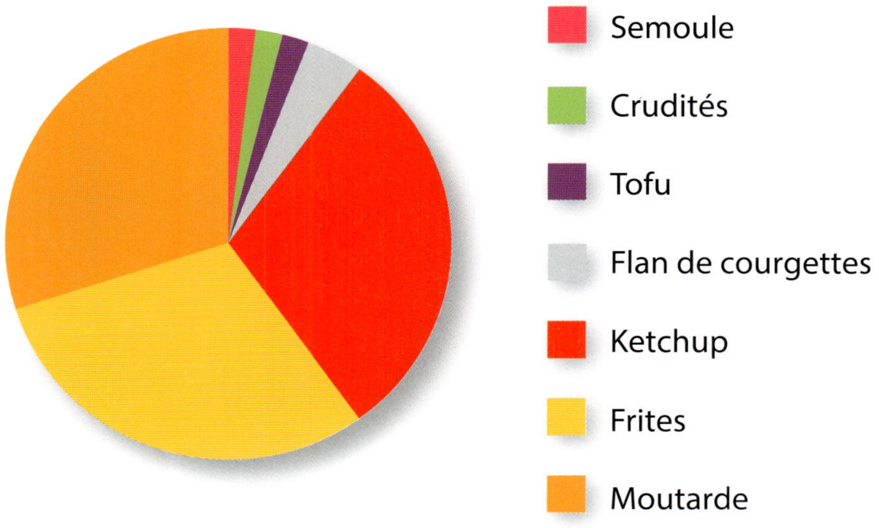

Ce que les femmes ne comprennent pas au foot

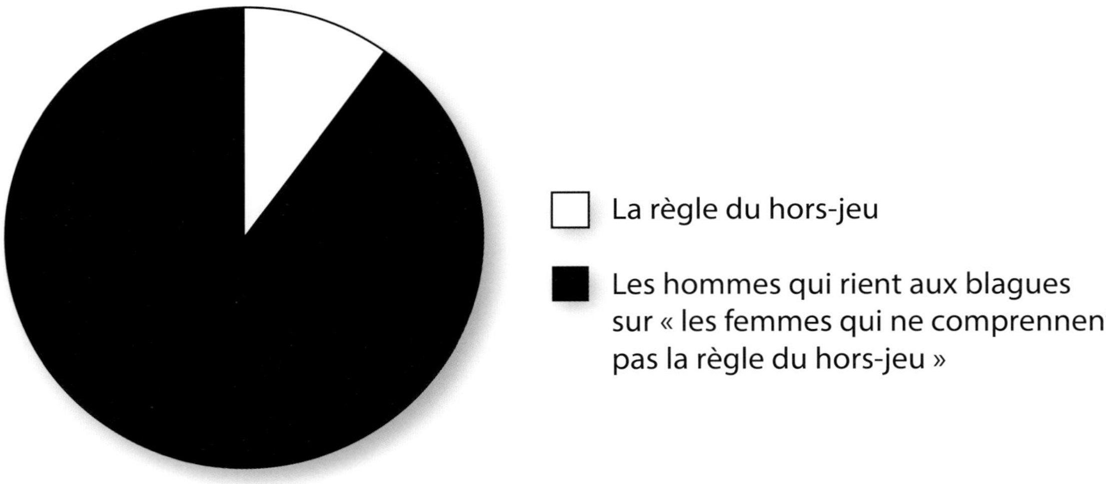

« S’il te plaît, restons amis »

Il neige !

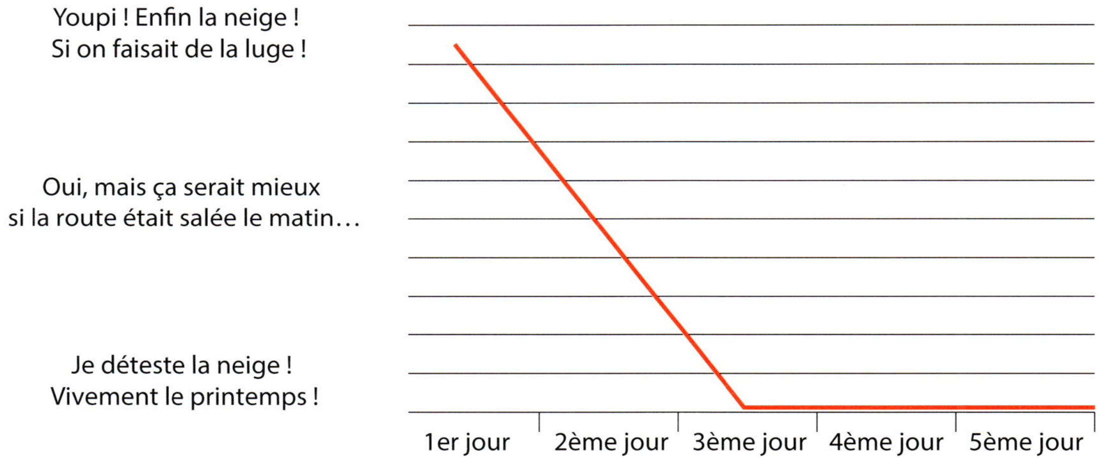
Youpi ! Enfin la neige !
Si on faisait de la luge !
Oui, mais ça serait mieux
si la route était salée le matin…
Je déteste la neige !
Vivement le printemps !
1er jour
2ème jour
3ème jour
4ème jour
5ème jour

Je ris …

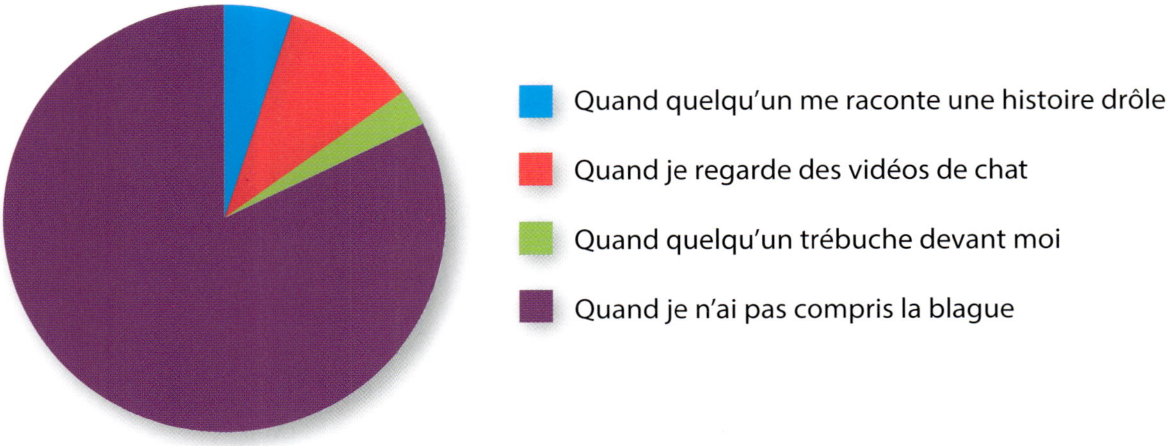
Quand quelqu'un me raconte une histoire drôle
Quand je regarde des vidéos de chat
Quand quelqu'un trébuche devant moi
Quand je n'ai pas compris la blague

Pour qui je fais le ménage chez moi

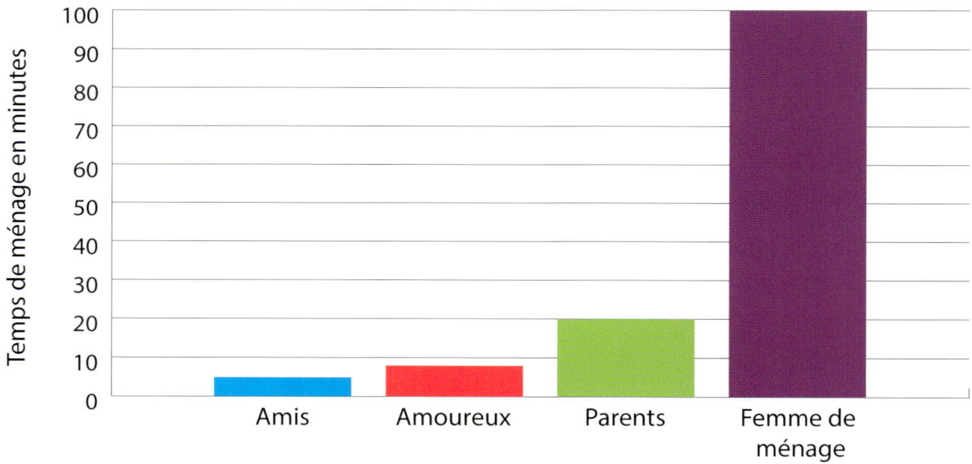

Ce que les médecins détestent

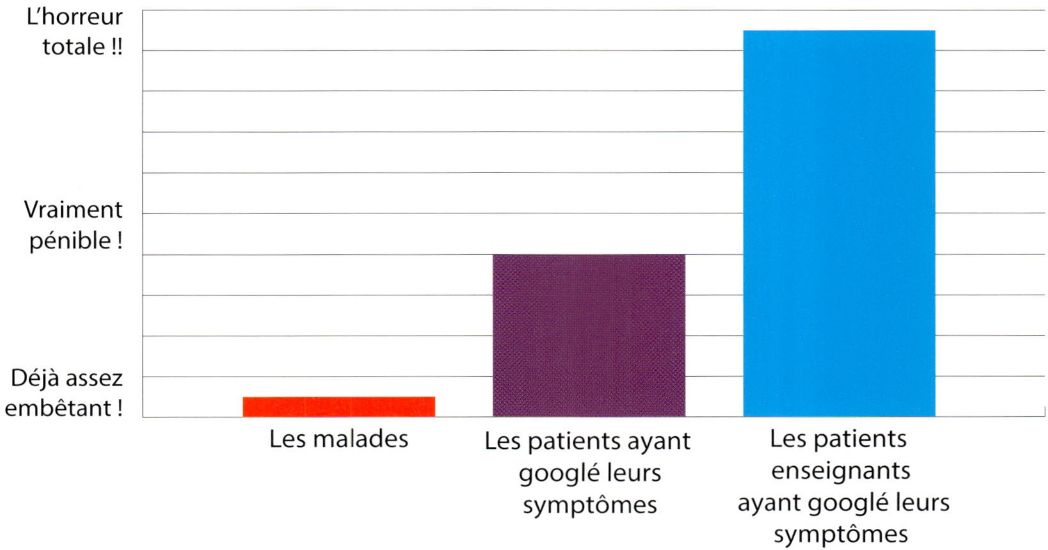

Les 5 phrases qui peuvent vous propulser directeur marketing

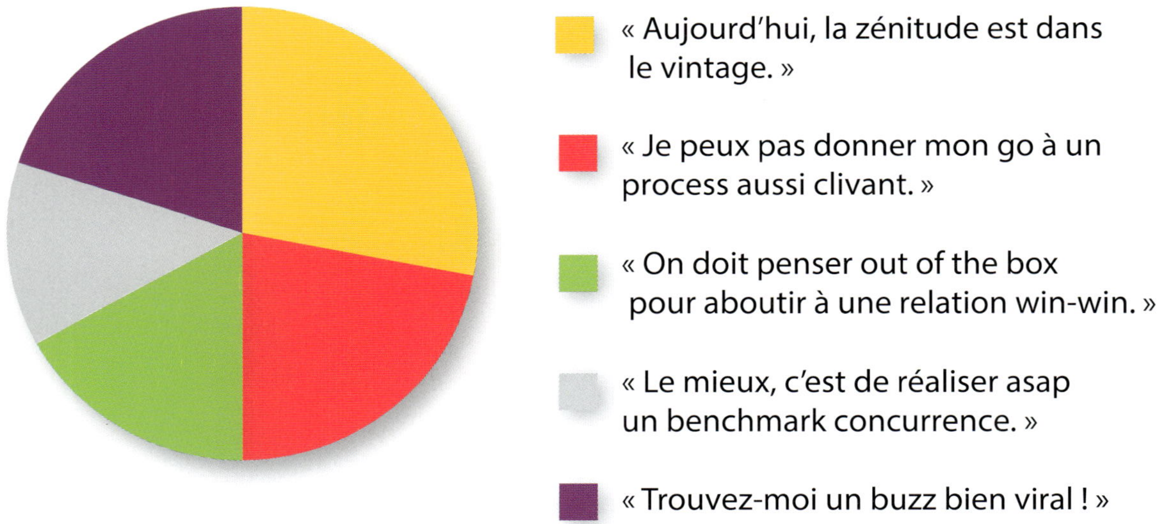

Cola

Déclinaisons déjà existantes	Déclinaisons que j'attends
Arôme cerise Arôme vanille Allégé en sucre Sans caféine Avec plus de caféine Sans sucre Avec limonade Avec whisky	Cola encore pétillant deux minutes après l'ouverture

Situation du lave-vaisselle au bureau

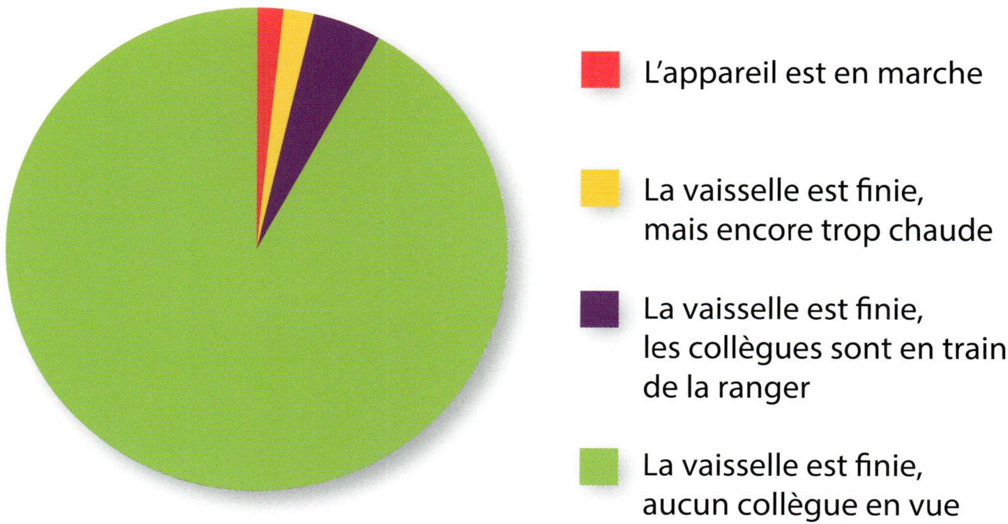

Les séries télé les plus meurtrières

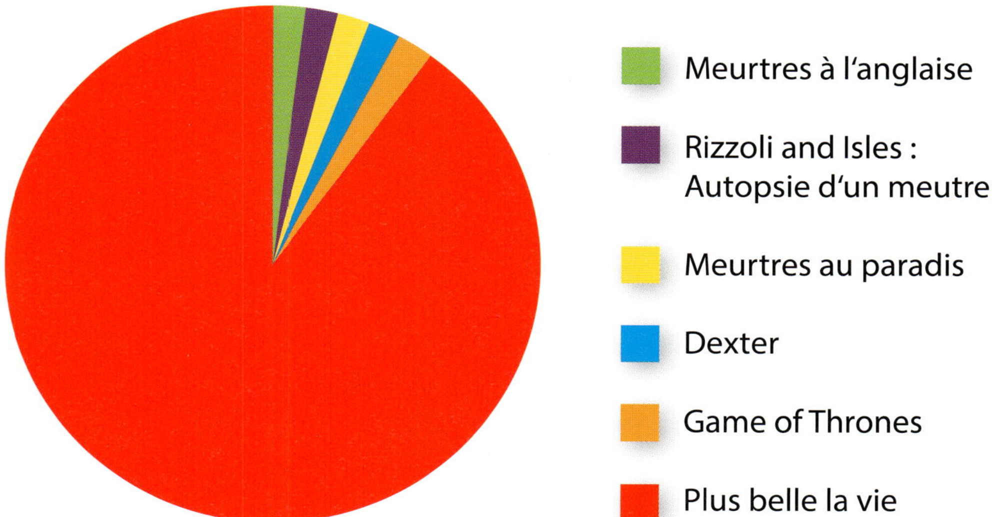

Clowns

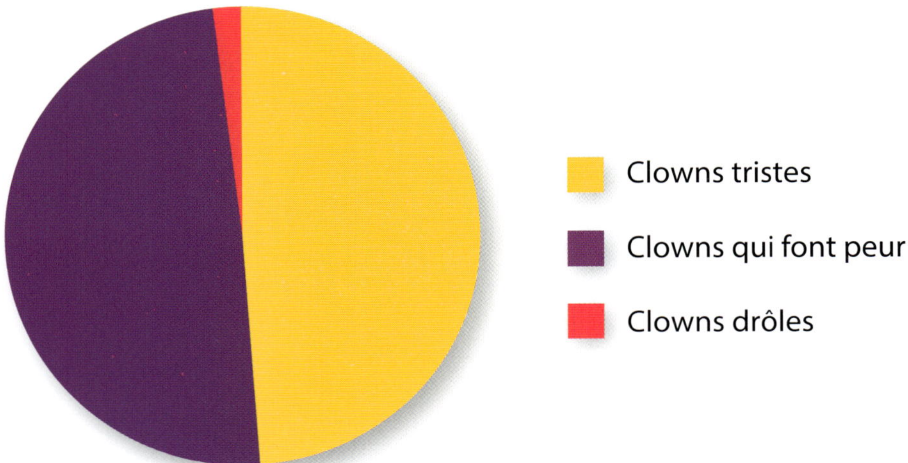
Clowns tristes
Clowns qui font peur
Clowns drôles

Coût d'une sortie au cinéma

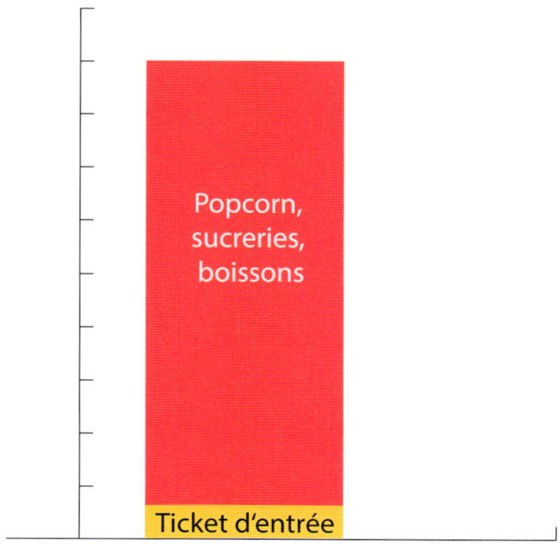

La capacité à faire des divisions à la main

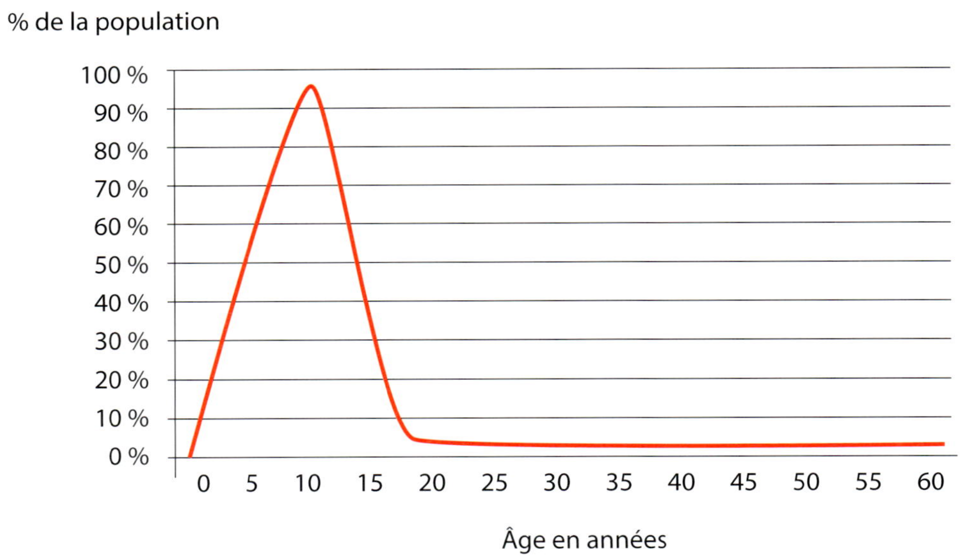

Comment Che Guevara réagirait devant les gens qui portent un T-Shirt avec son portrait

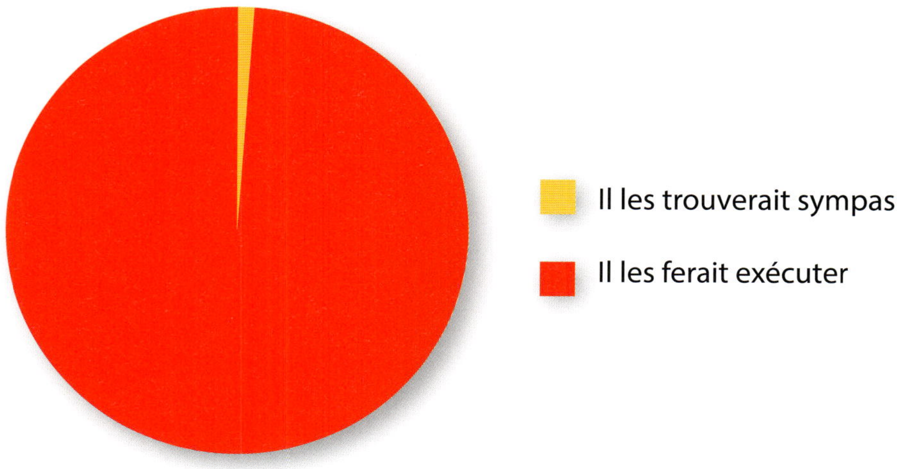

Ce que font les femmes pendant leurs règles (dans les spots publicitaires)

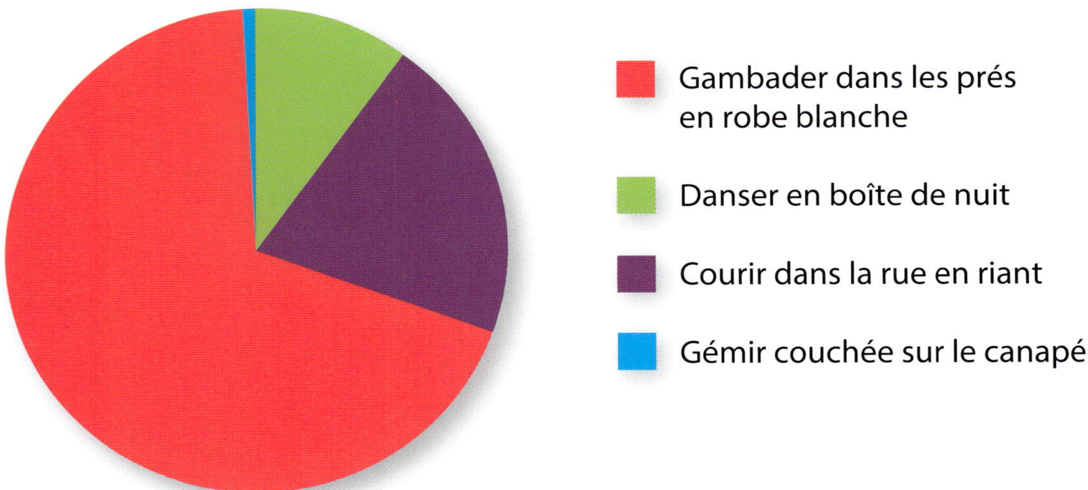

Ce que font les femmes pendant leurs règles (en réalité)

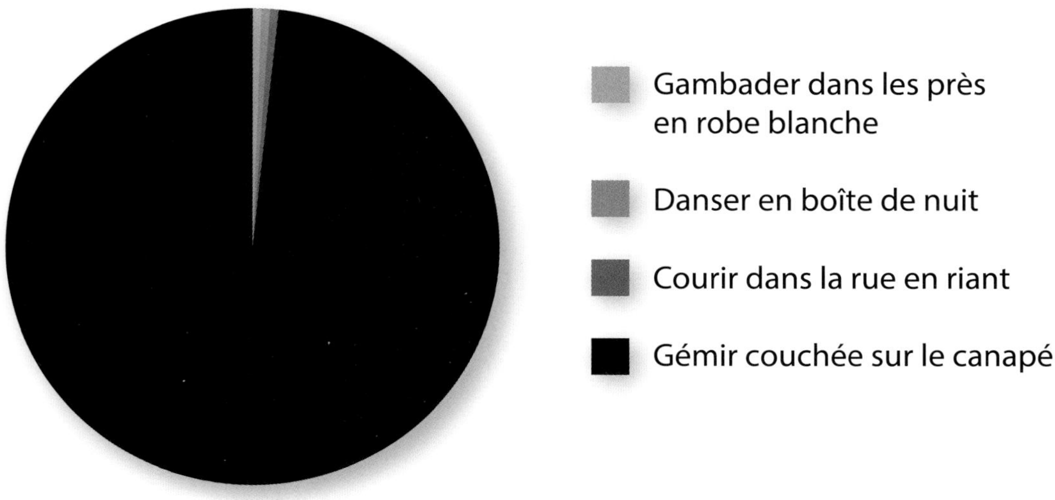

Couleur du feu à mon arrivée

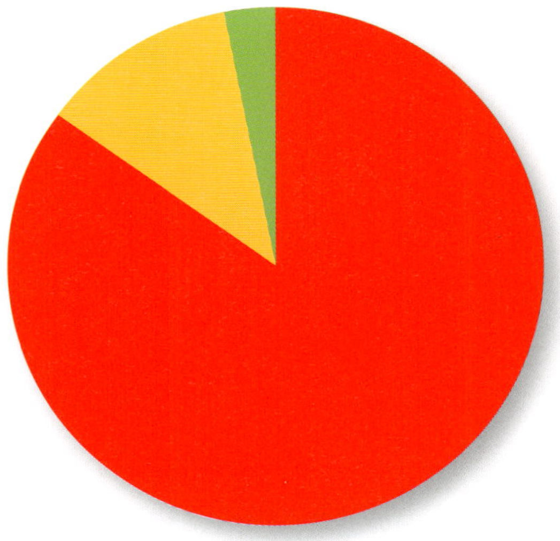

Temps de téléchargement d'un fichier

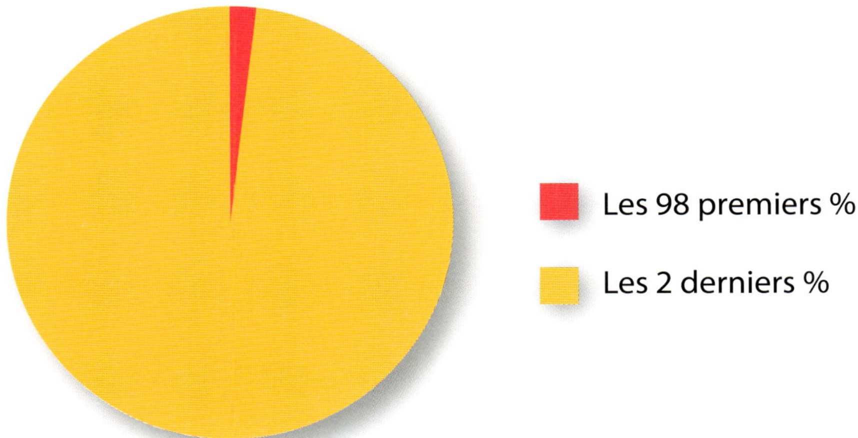

Métiers des femmes françaises célèbres

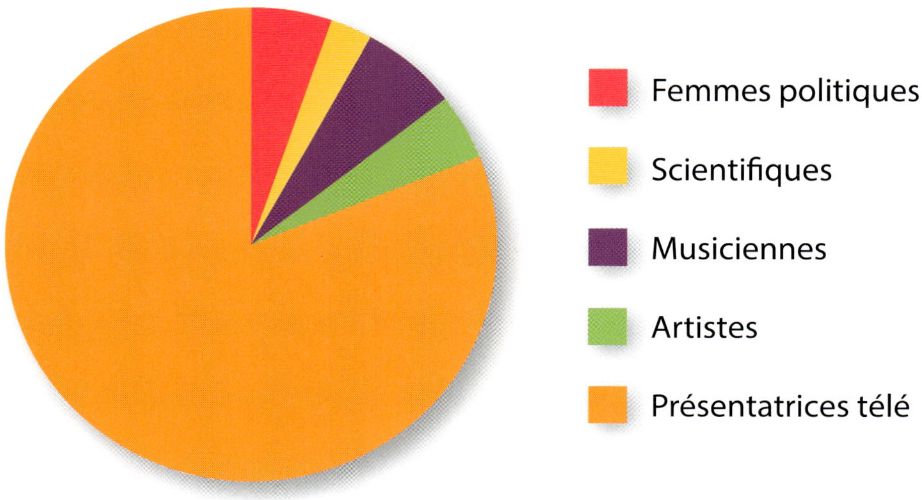

Leçon de morale

Acheter un appareil électronique

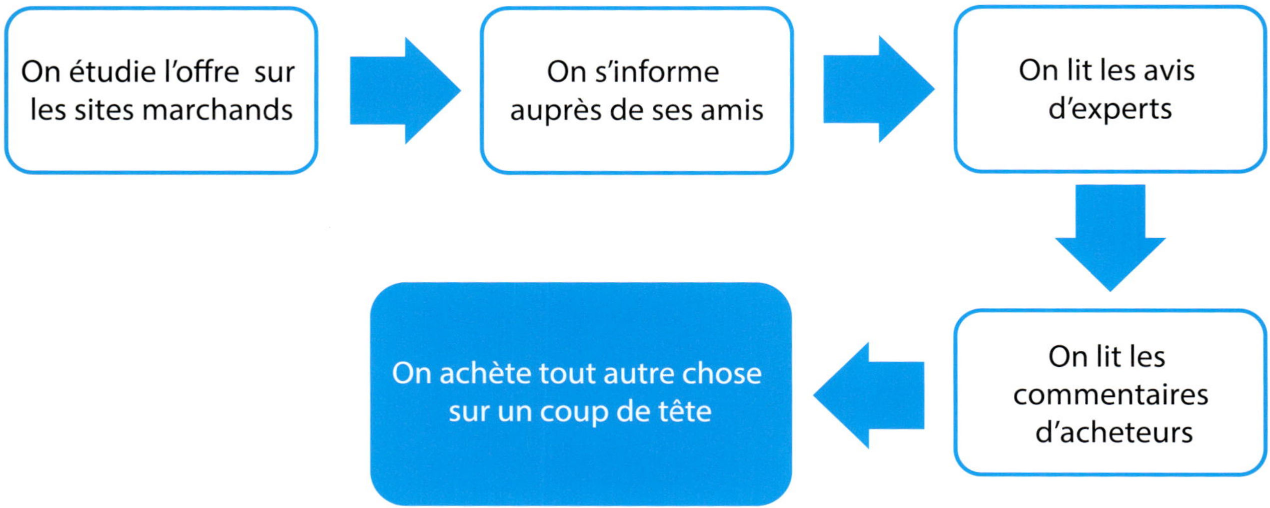

Où se trouve le döner que je viens de manger

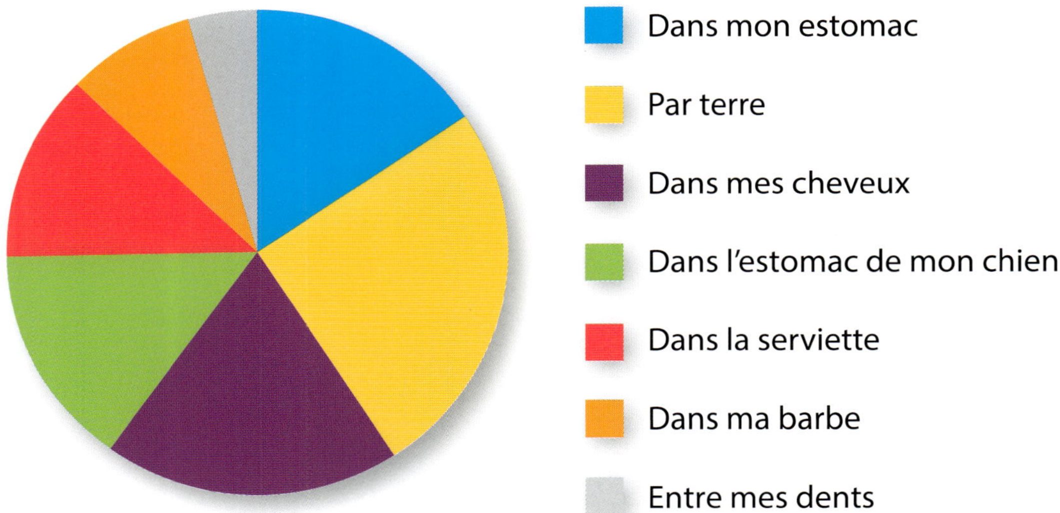

Comment on juge son conjoint

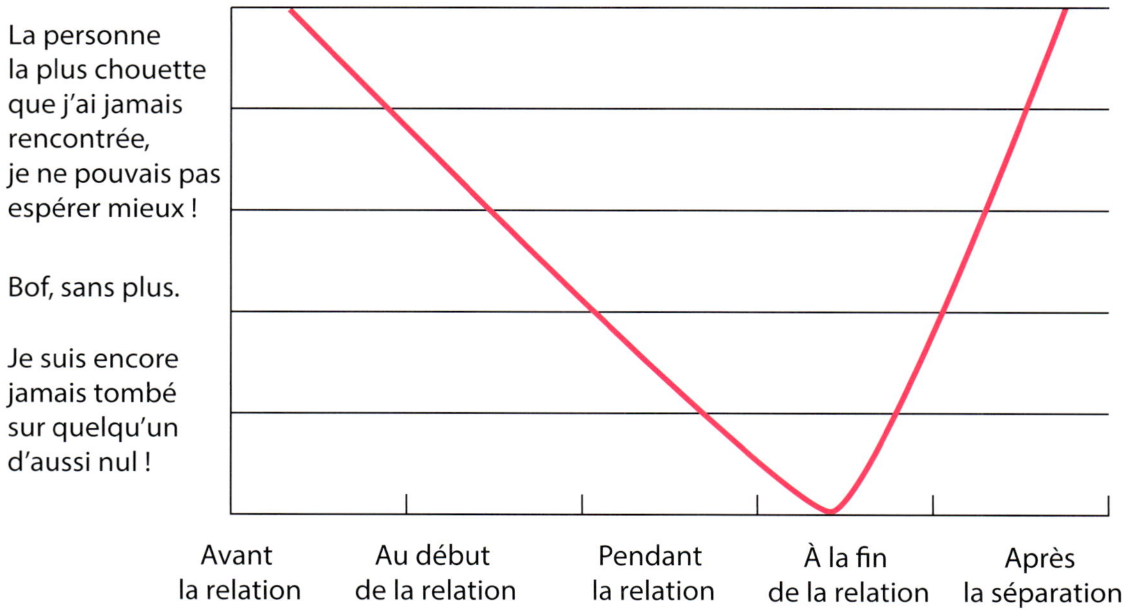

Les mensonges les plus fréquents des chefs

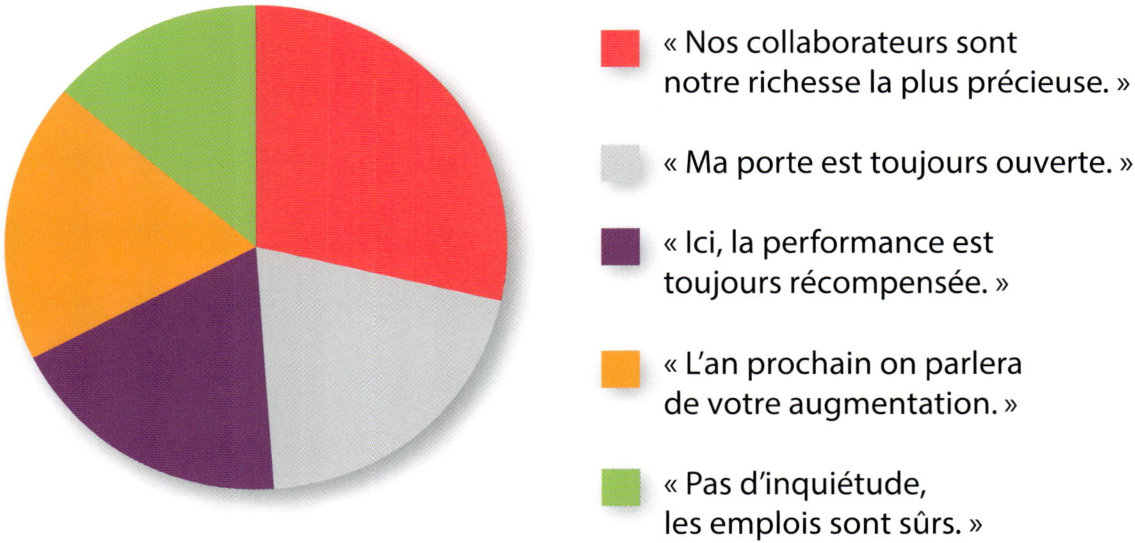

Je ne peux pas m'empêcher de pleurer

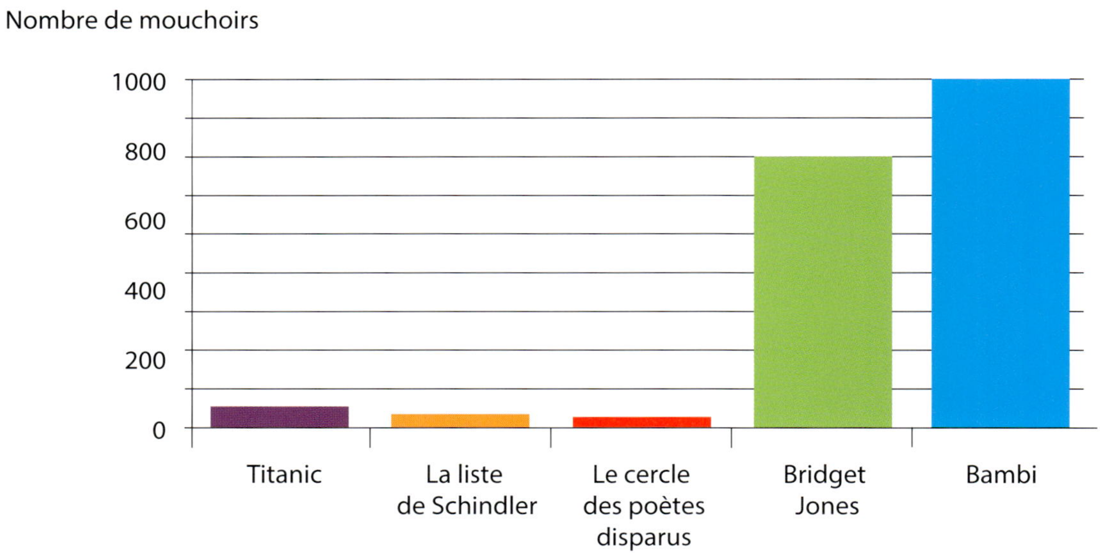

Méthode pour trouver le bonheur d'après les magazines féminins

Les noms auxquels votre chat réagit

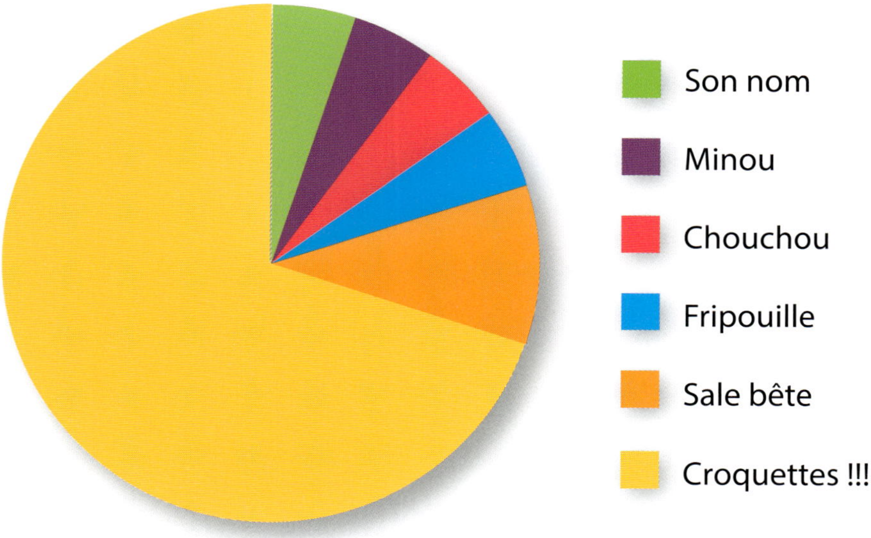

Utilisateurs de Google Street View

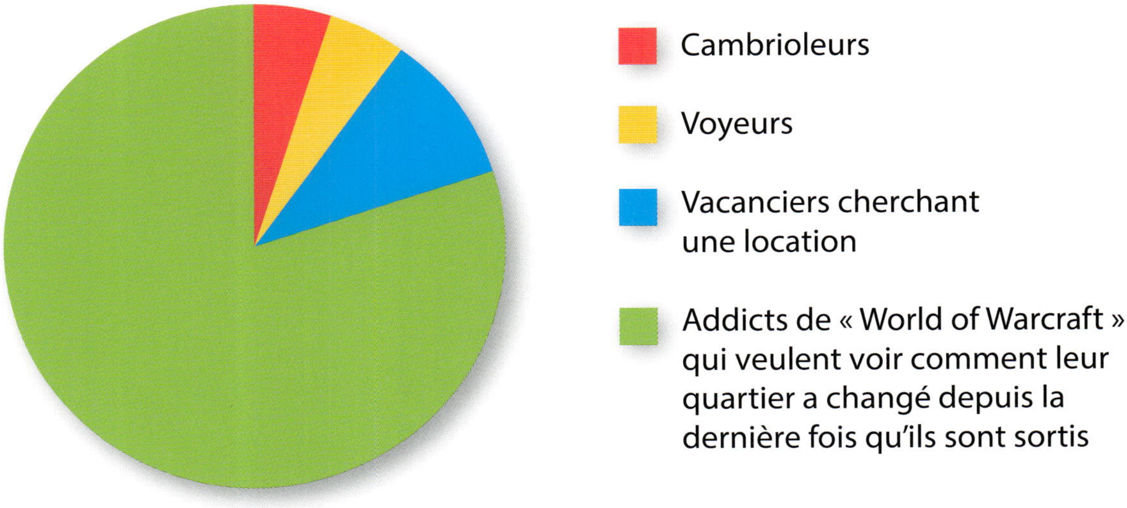

Les dents à brosser selon mon dentiste

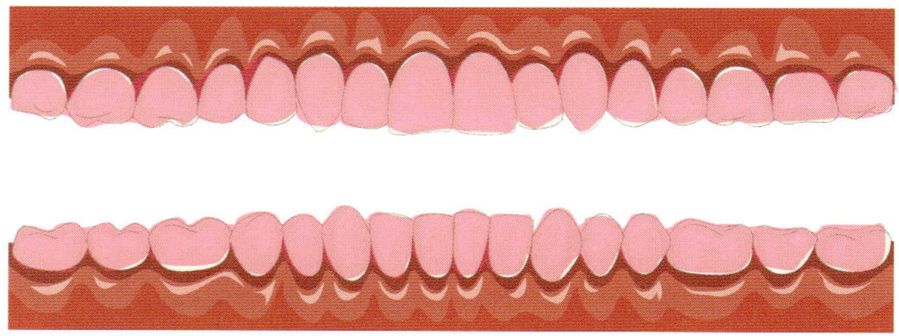

Celles que je brosse

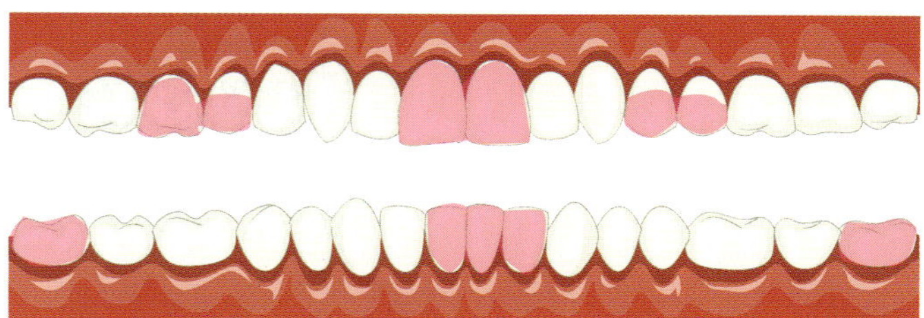

Humoristes

La pyramide du succès

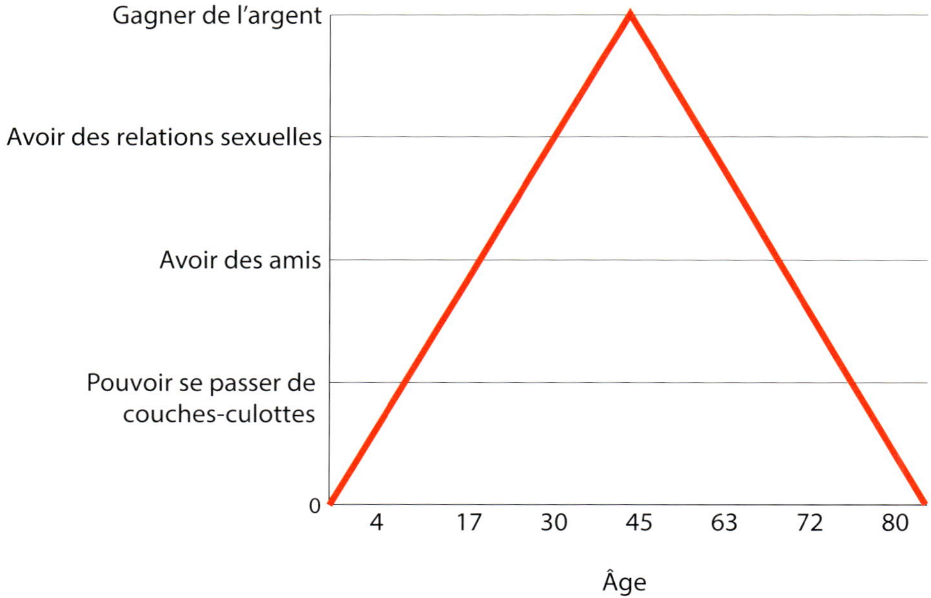

Les choses qui nous révoltent

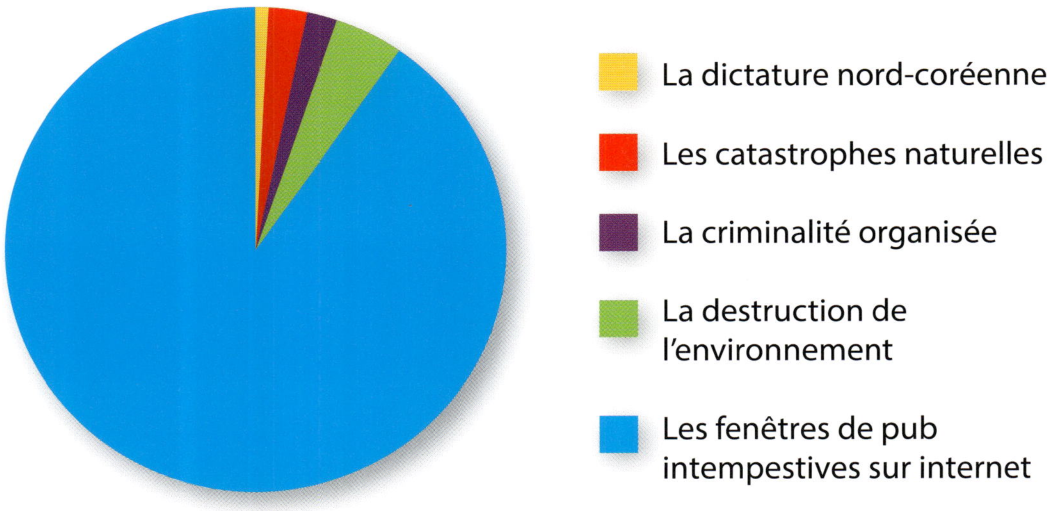

Ingrédients des chips

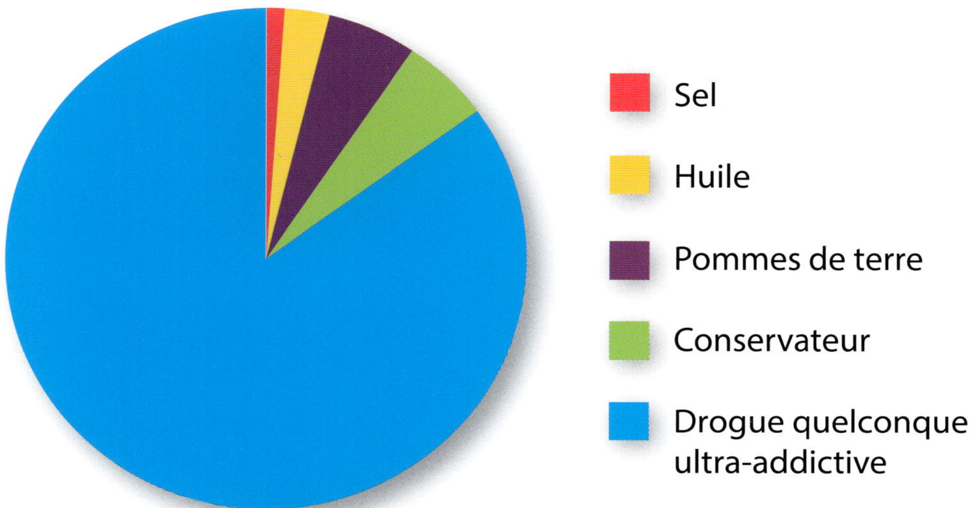

Les appels que je reçois

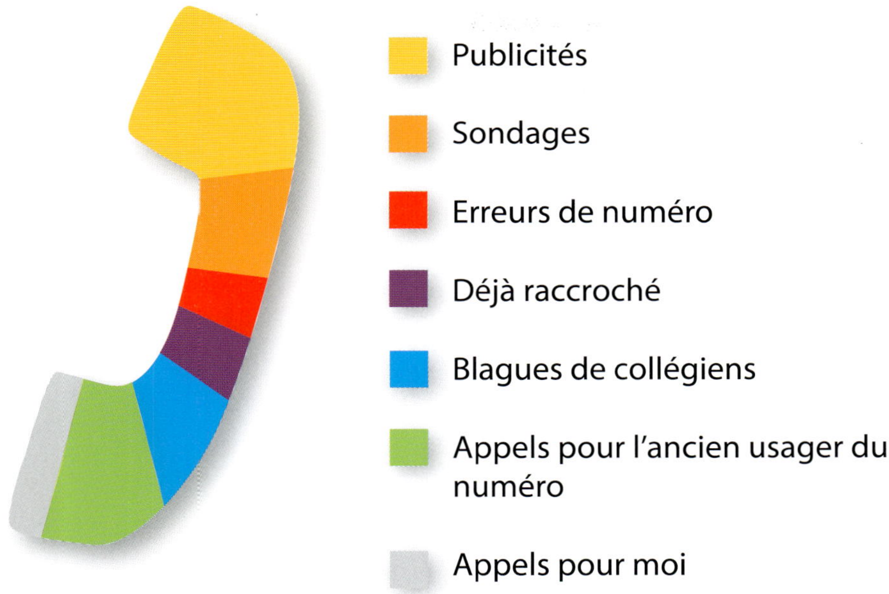

La drague au masculin

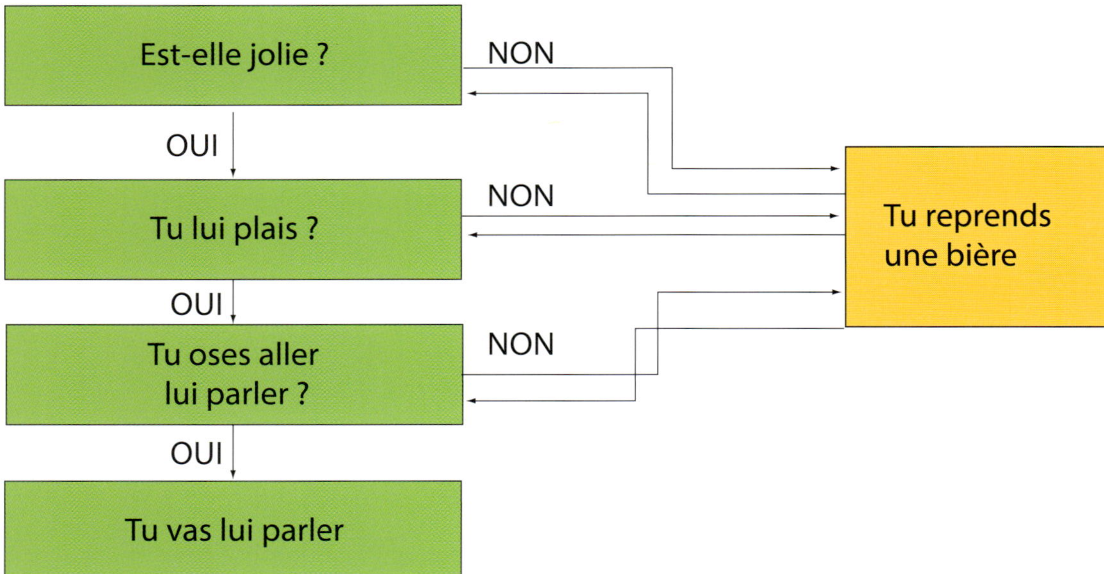

La drague au féminin

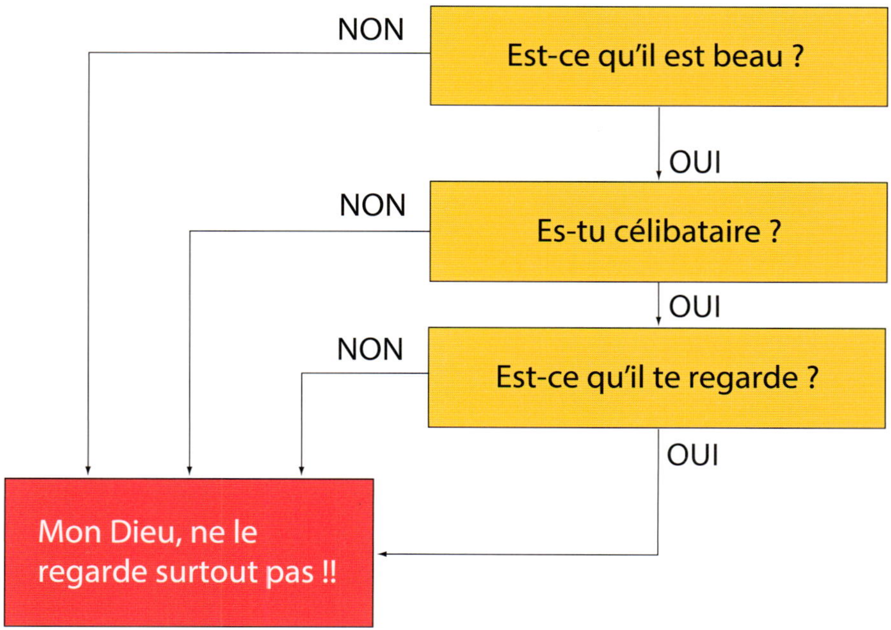

Utilisateurs des parkings réservés aux handicapés

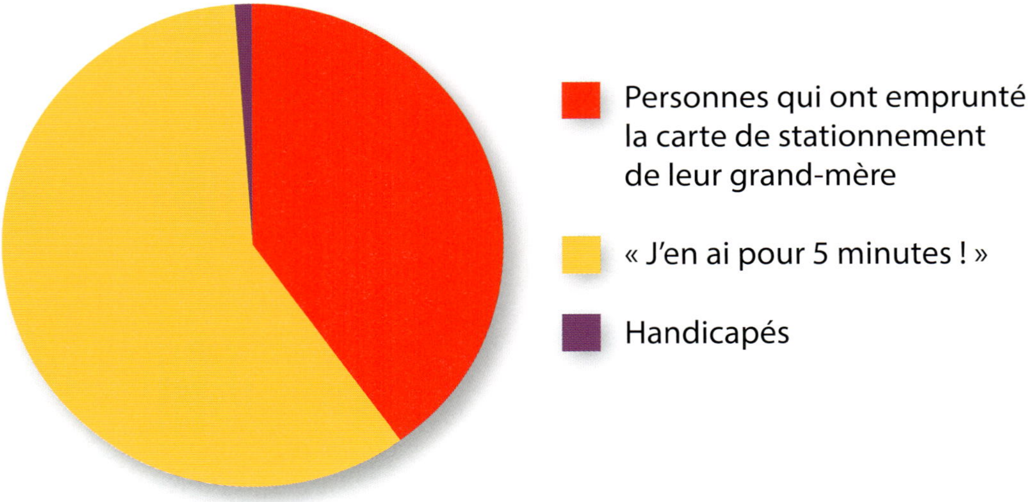

Longévité

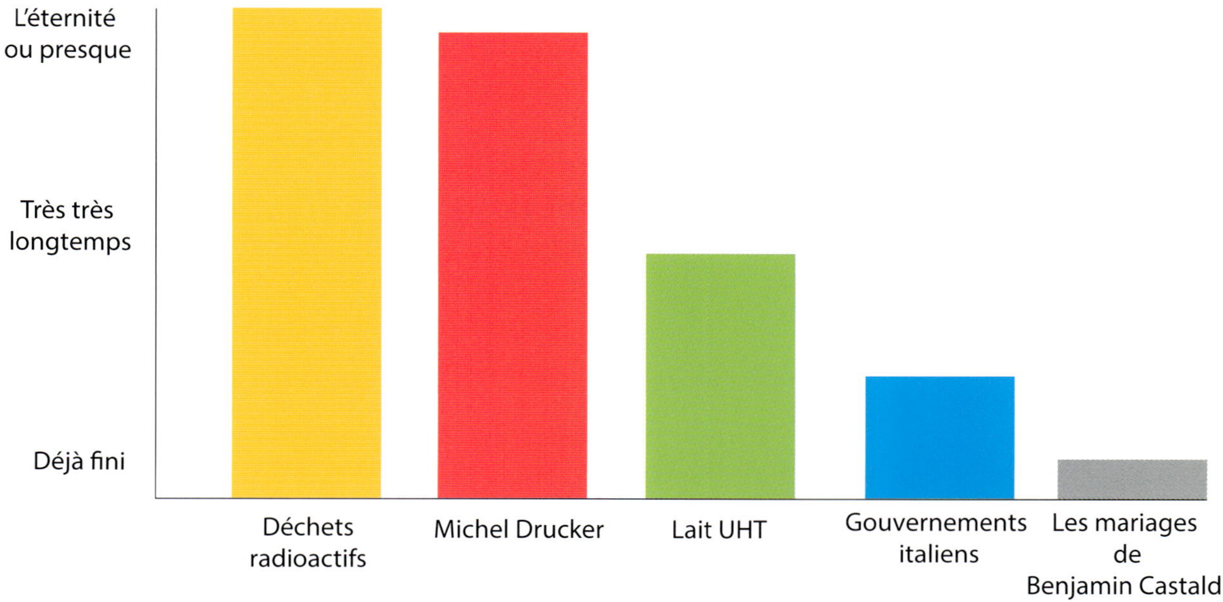
L'éternité ou presque
Très très longtemps
Déjà fini
Déchets radioactifs
Michel Drucker
Lait UHT
Gouvernements italiens
Les mariages de Benjamin Castaldi

Quand la cafetière est vide au bureau

Questions auxquelles on ment le plus

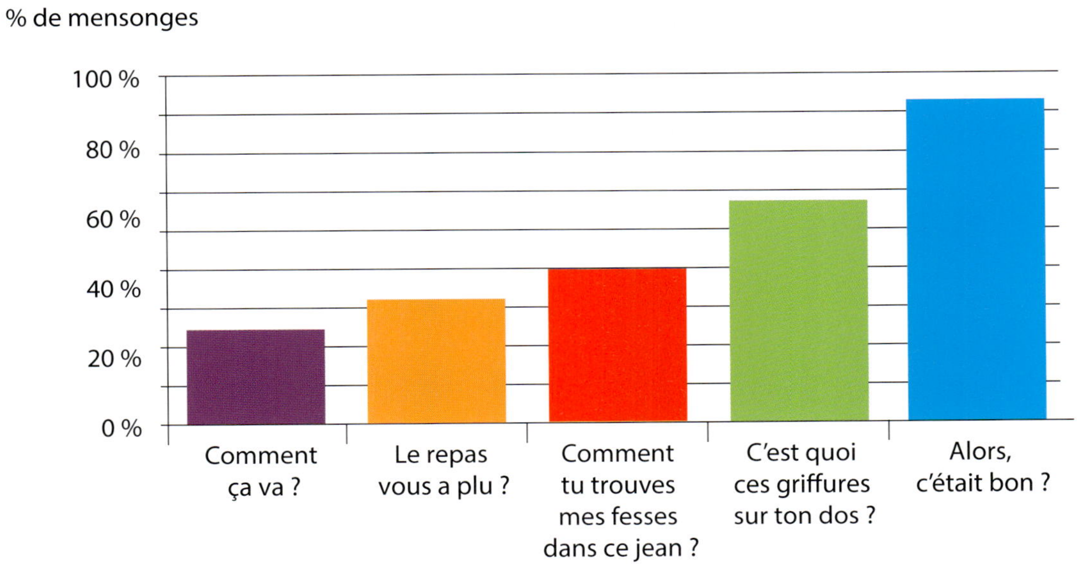

Composition de la population japonaise

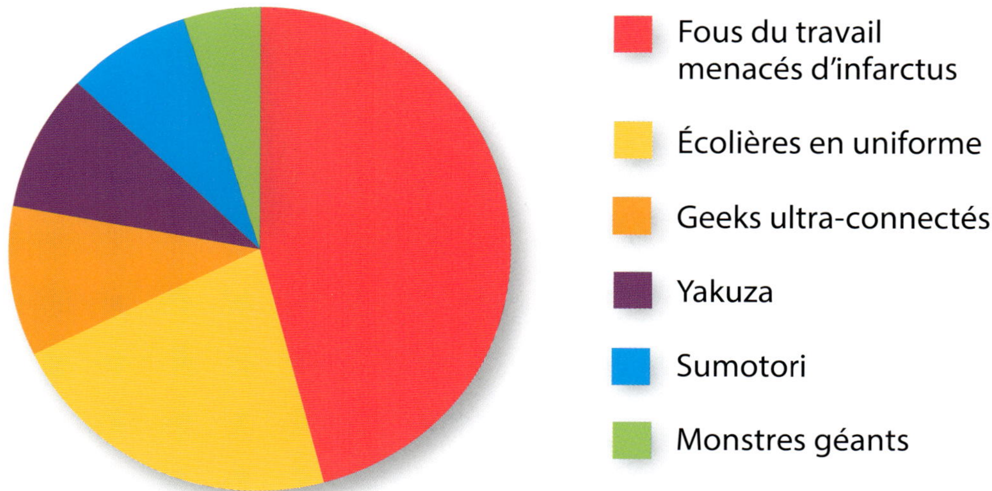

D'où les miss Univers des années passées sont-elles originaires ?

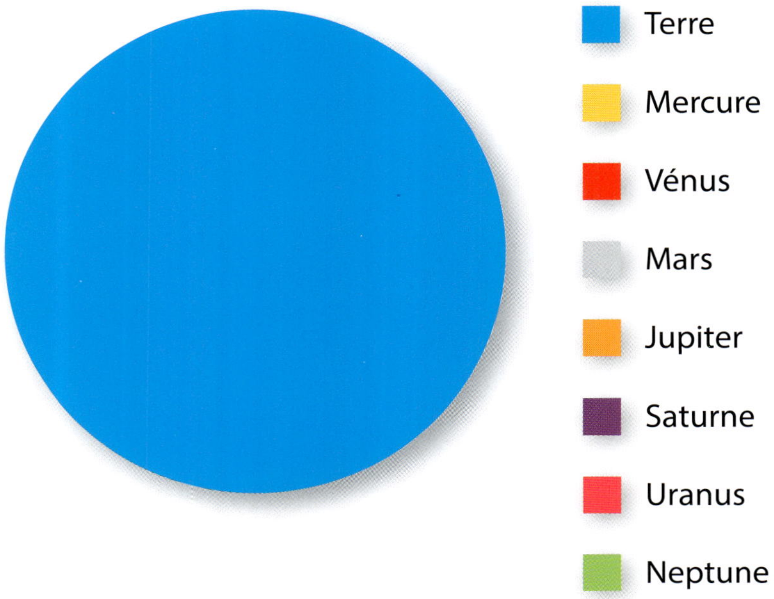

Composition du salaire

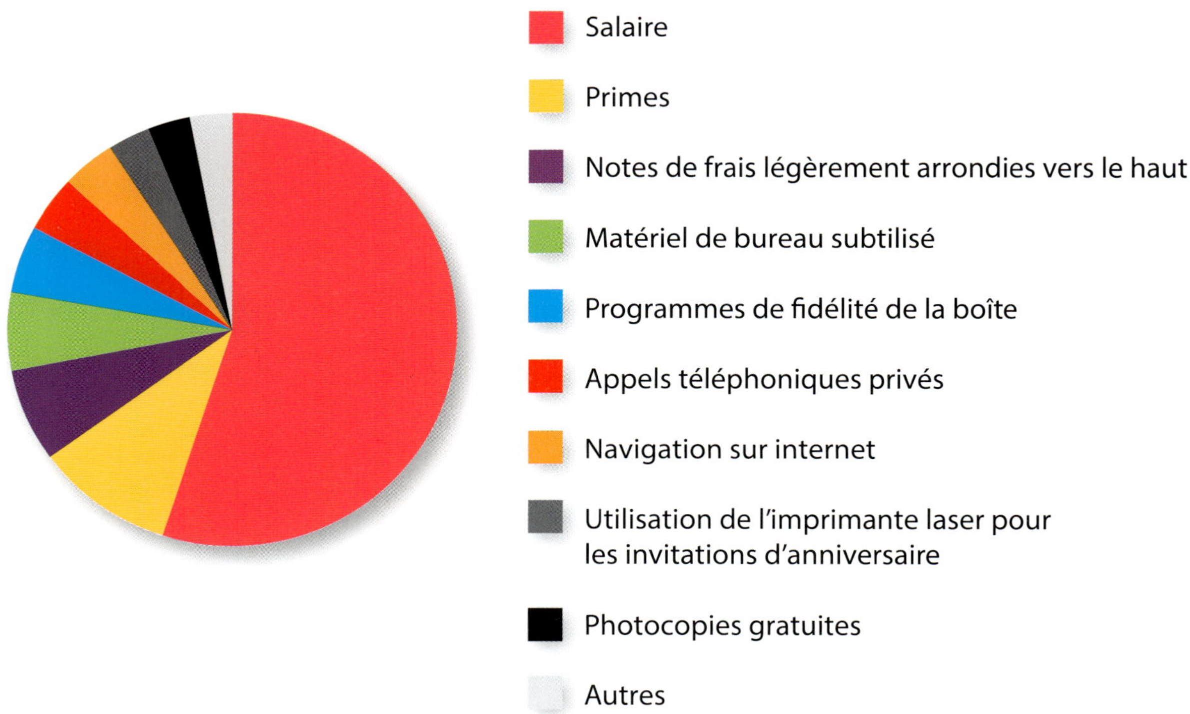

Est-ce que je pars faire un footing ?

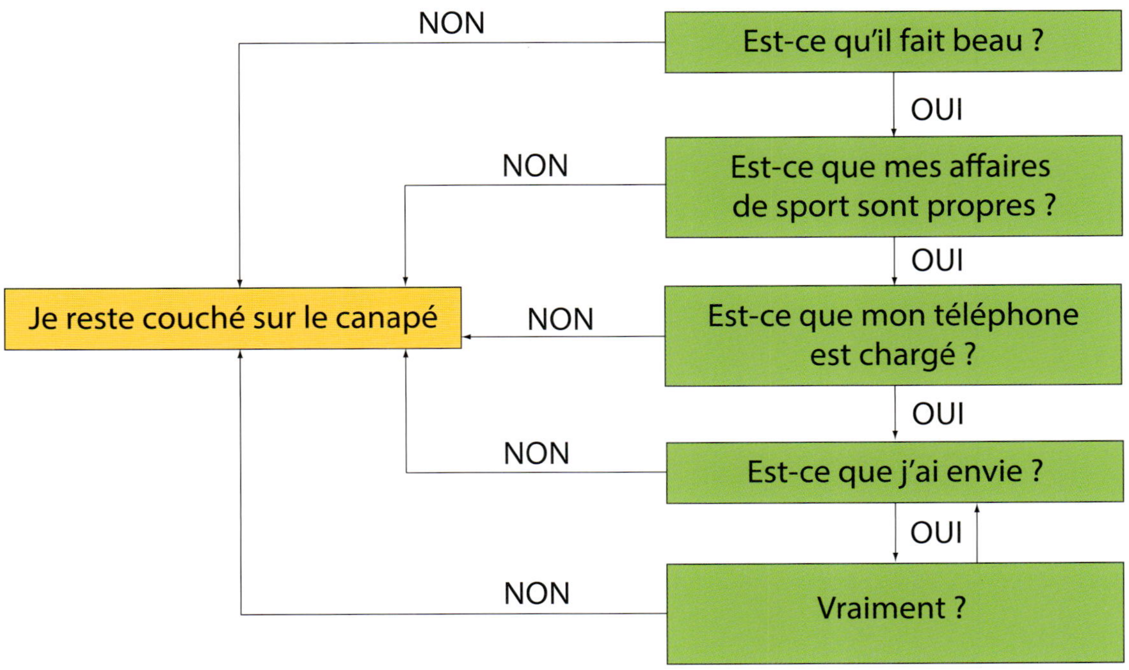

Où l'on peut voir des hommes âgés

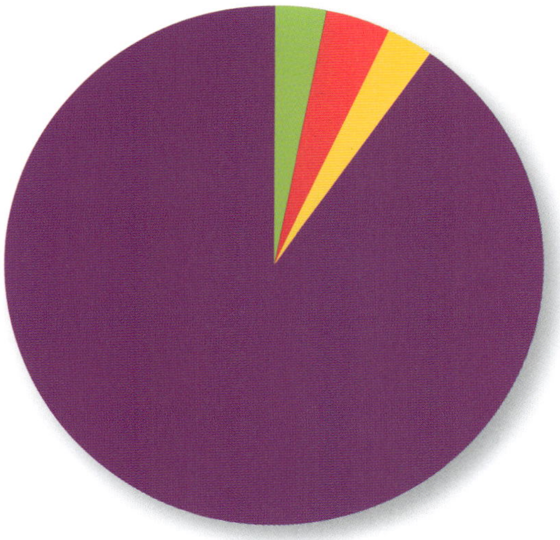

Dans les salles d'attente des cabinets médicaux

Dans les salles de concert de musique classique

Sur les bancs dans les parcs

Invités dans les émissions politiques

Temps nécessaire pour entrer dans mon logement

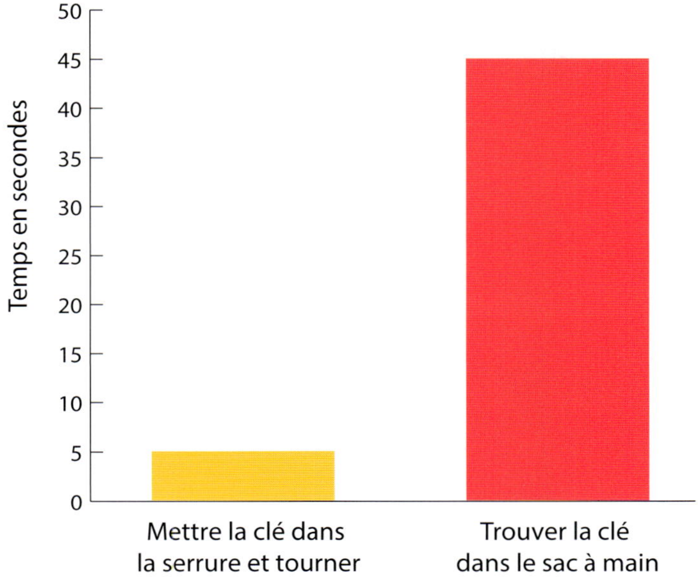

La France vue par les Parisiens

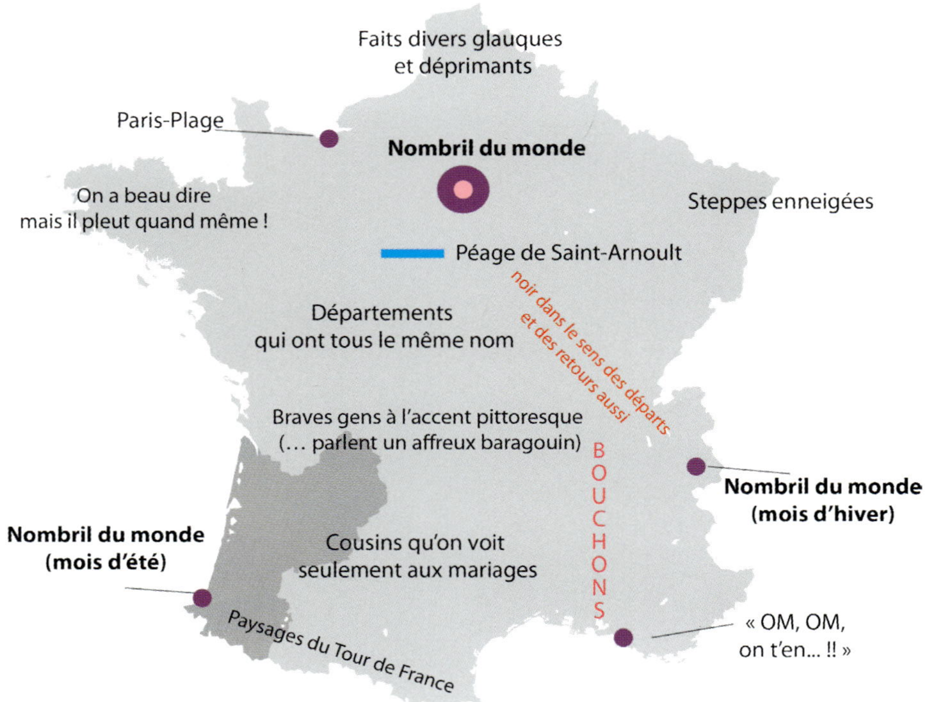

La France vue par les Alsaciens

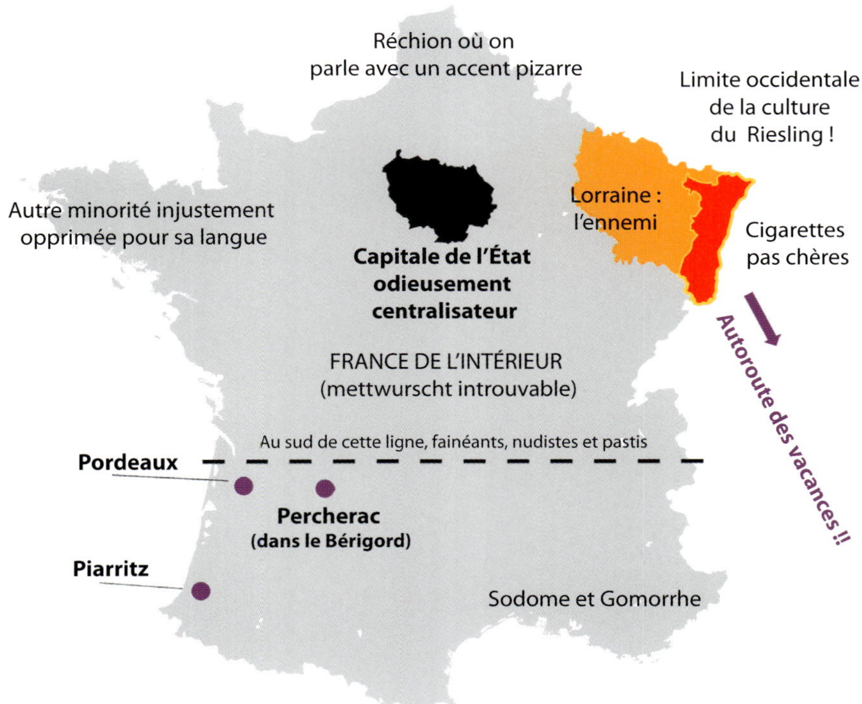

Le travail de journaliste sur les chaînes d'info en continu

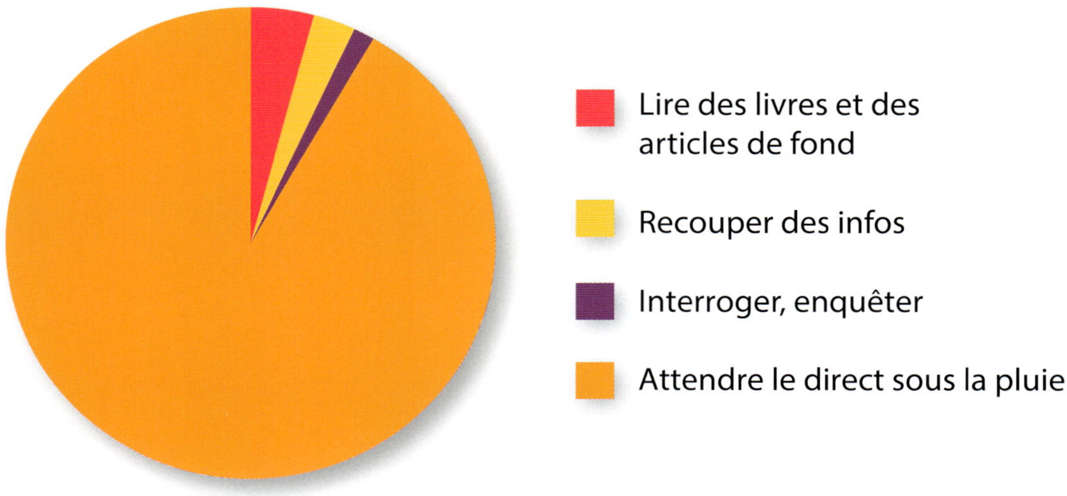

Histoires d'amour au cinéma

Film américain	Il tue des méchants puis la fille lui tombe dans les bras.
Film français	Il ne comprend pas ce que veut la fille. Pendant longtemps il ne se passe rien. A la fin ils font l'amour.
Film indien	Il chante qu'il l'aime. Elle se met à danser. Ils se marient.
Film scandinave	Ils s'aiment. L'un des deux meurt. Il pleut.
Film allemand	Ils se plaisent, mais il faut d'abord sauver le centre équestre/ son bureau d'architecte/sa boutique de fleurs avant qu'ils ne s'embrassent.

Ce qu'on fait quand les piles de la télécommande sont vides

SAV des opérateurs mobile/internet : pourcentage d'utilisateurs mécontents

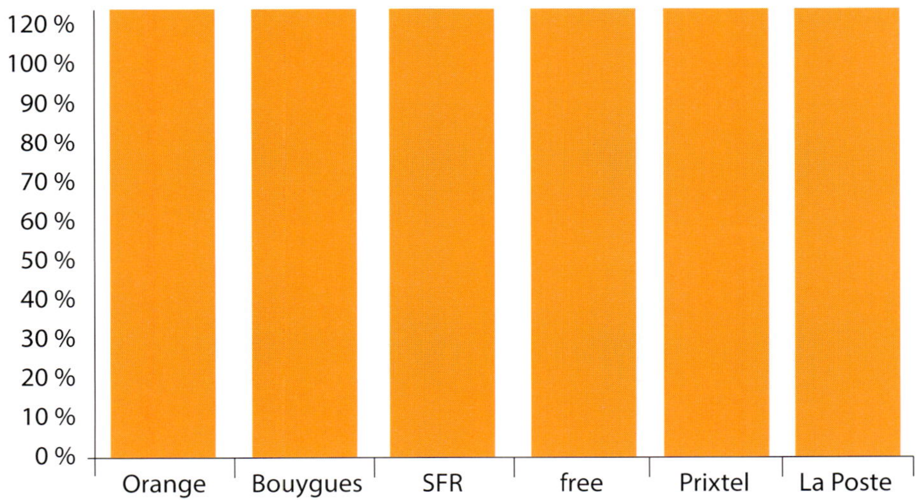

Ce qui ralentit mon ordinateur

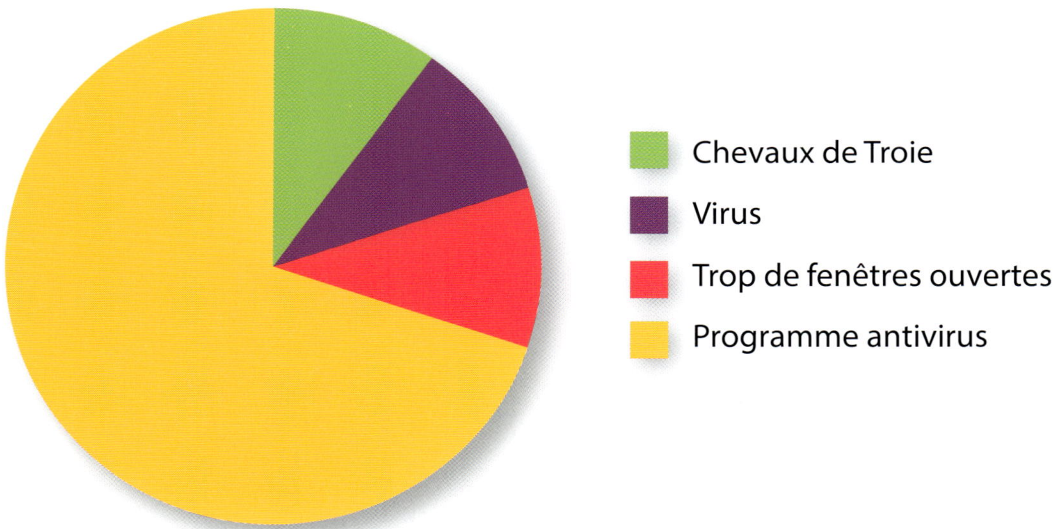

Position dans l'avion

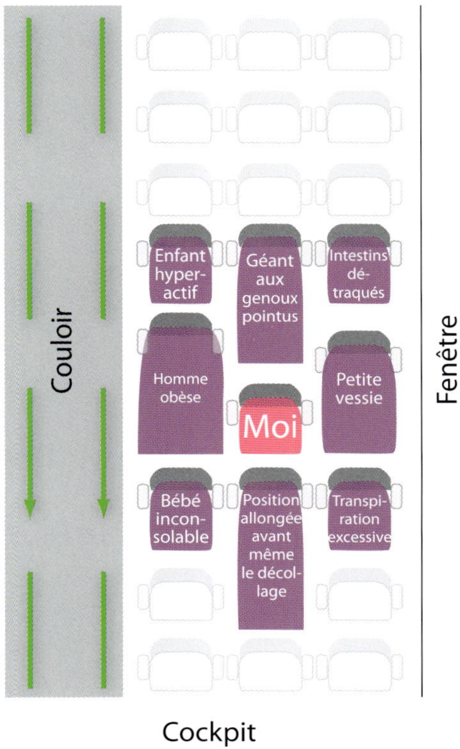

Le paradoxe du supporter

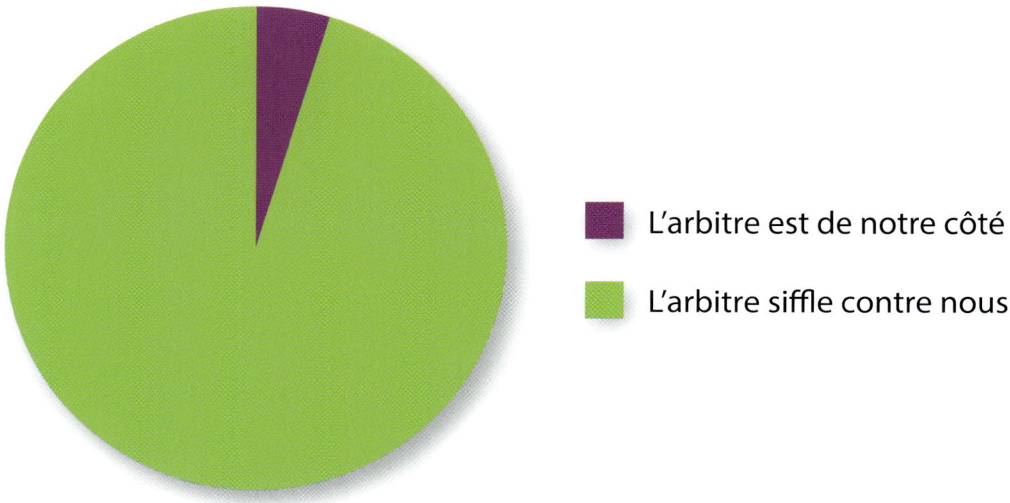

Pourcentage de grossièretés dans le vocabulaire

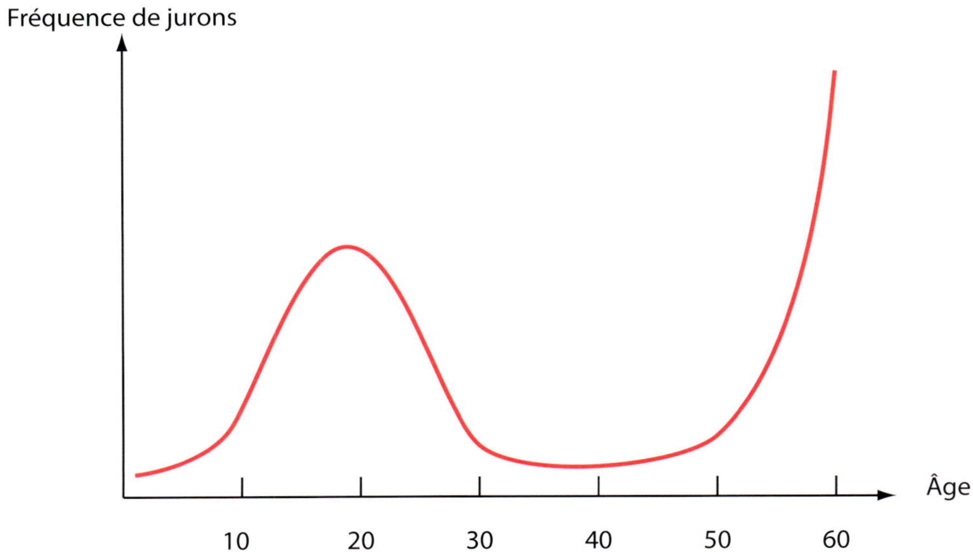

Le problème avec les filles

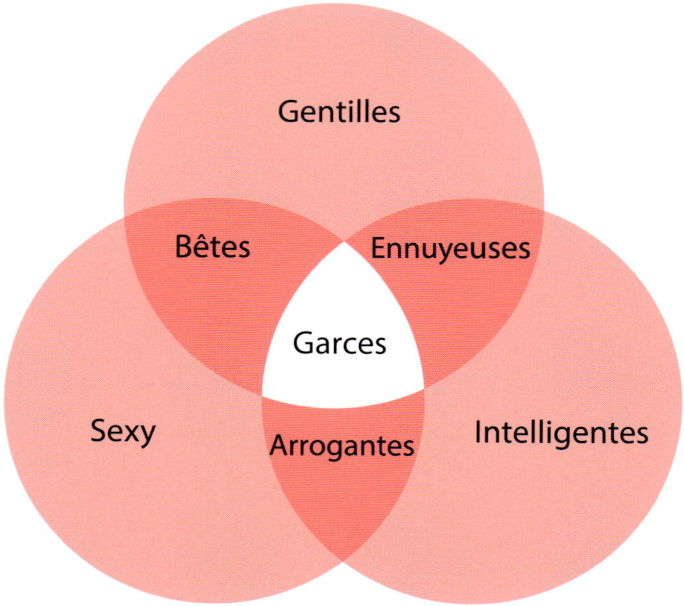

Le problème avec les garçons

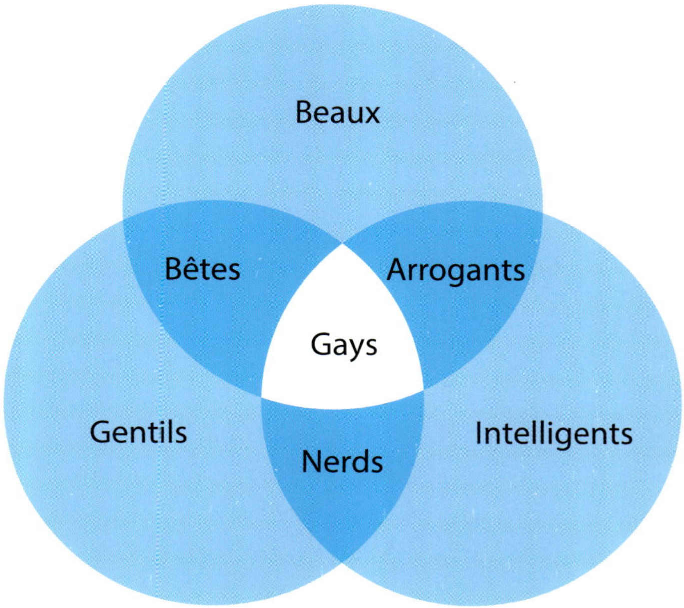

Mouvements de la souris

Quand je suis seul dans le bureau

Quand mon chef est dans le bureau

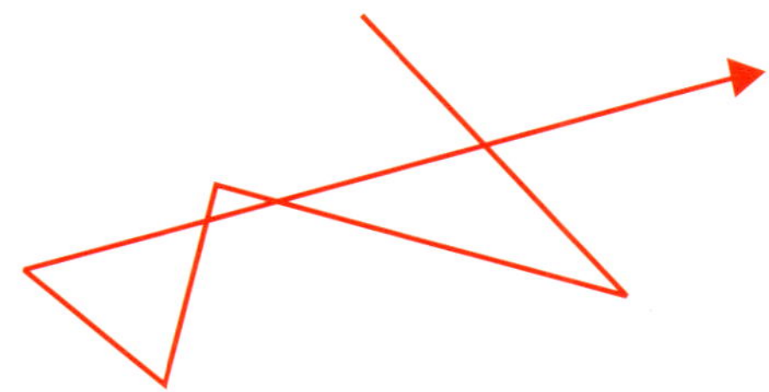

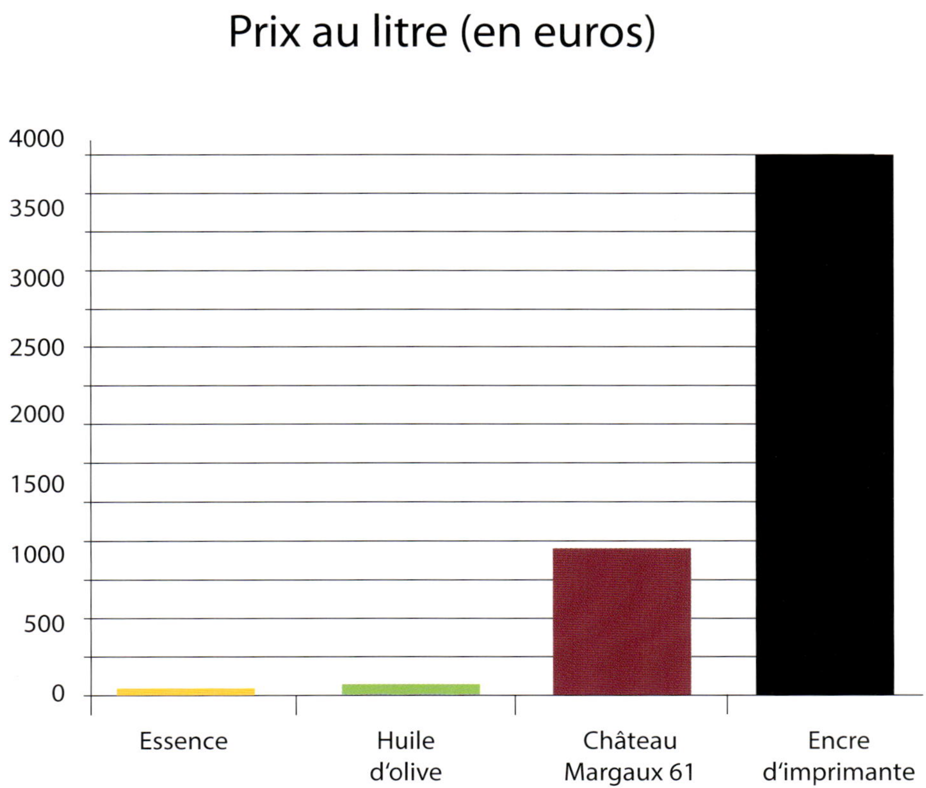
Prix au litre (en euros)
4000
3500
3000
2500
2000
1500
1000
500
0
Essence
Huile d'olive
Château Margaux 61
Encre d'imprimante

Ce que disent les artisans

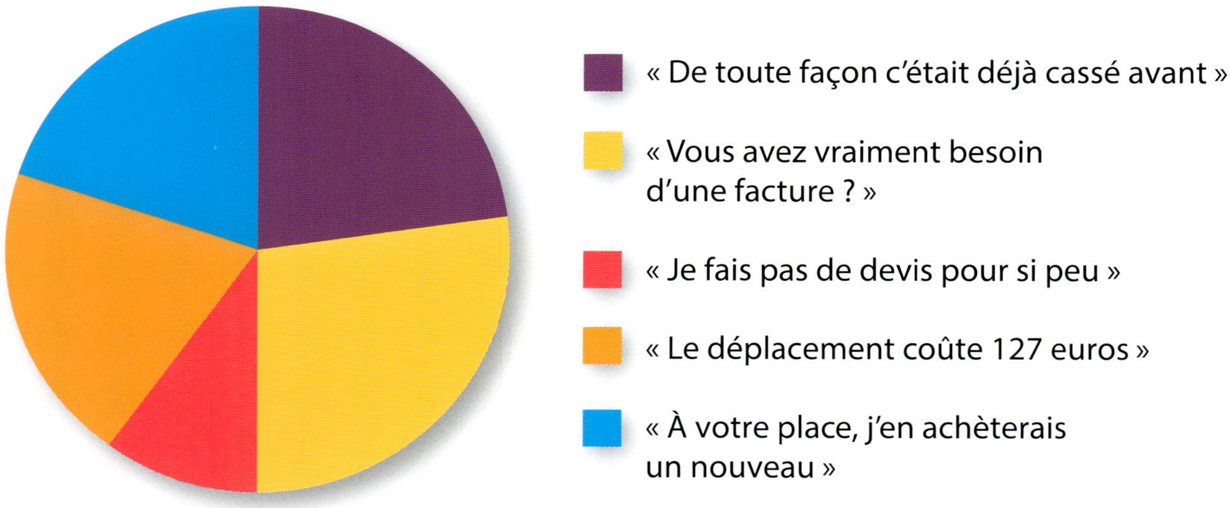

Chauffards

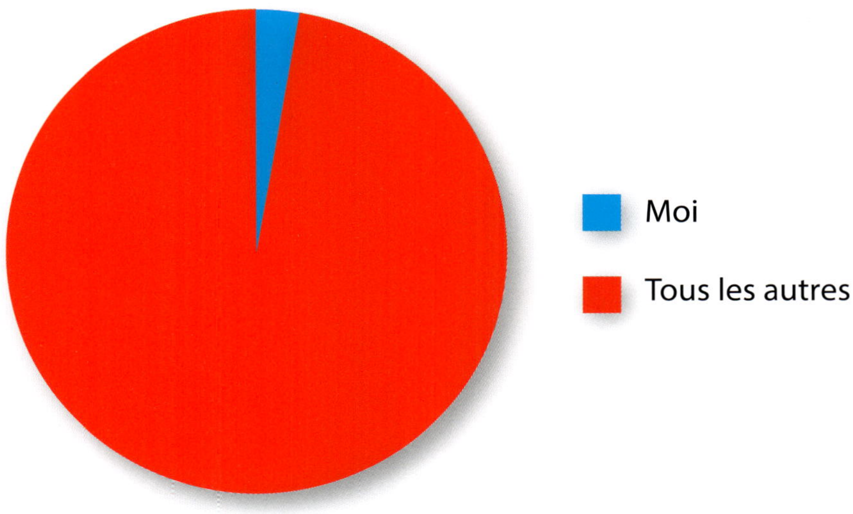
Moi
Tous les autres

Mes pensées lors des entretiens d'embauche

Rencontres : la loi de Murphy

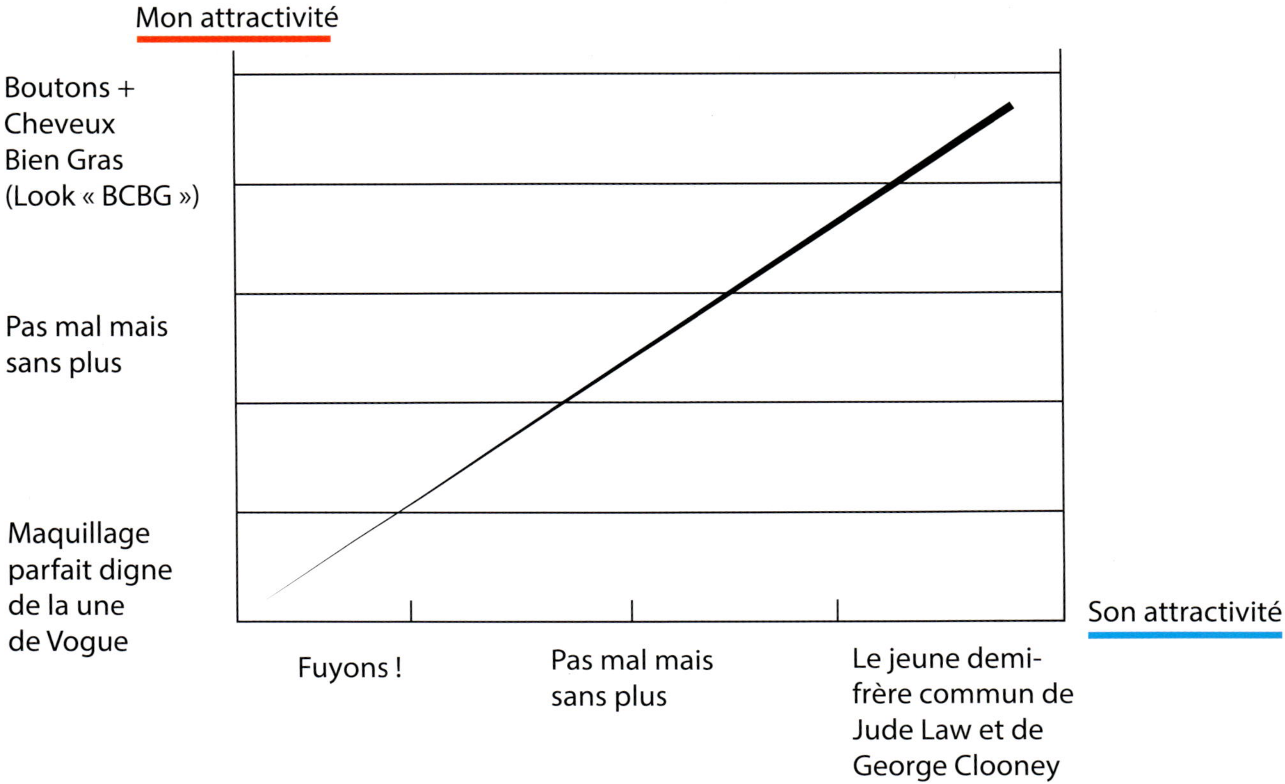

Œuf de poule

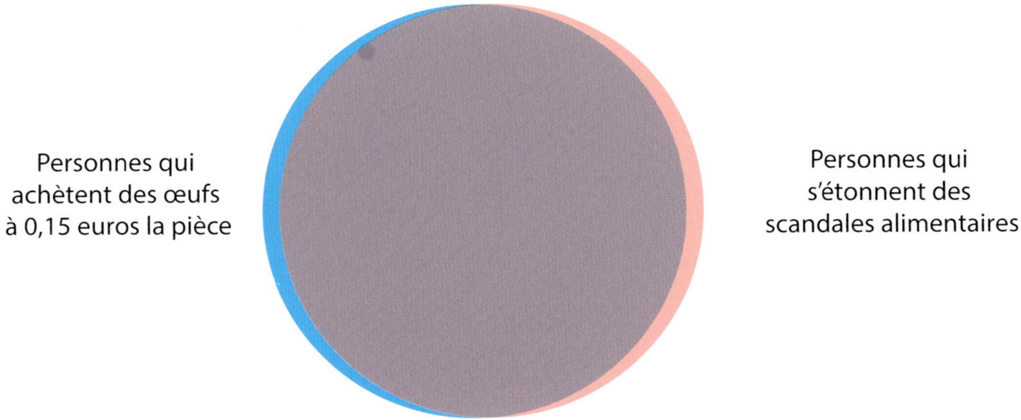
Personnes qui achètent des œufs à 0,15 euros la pièce
Personnes qui s'étonnent des scandales alimentaires

« Je suis déjà en route »

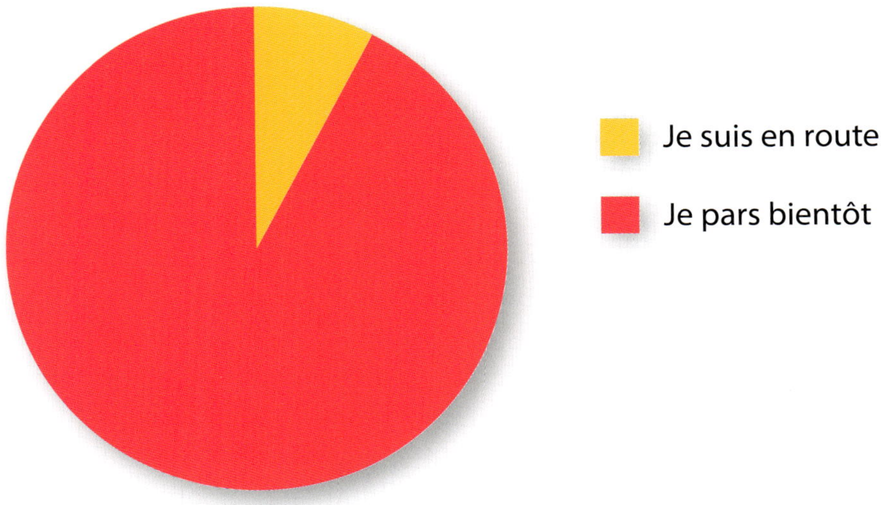

Débat ou crépage de chignons ?

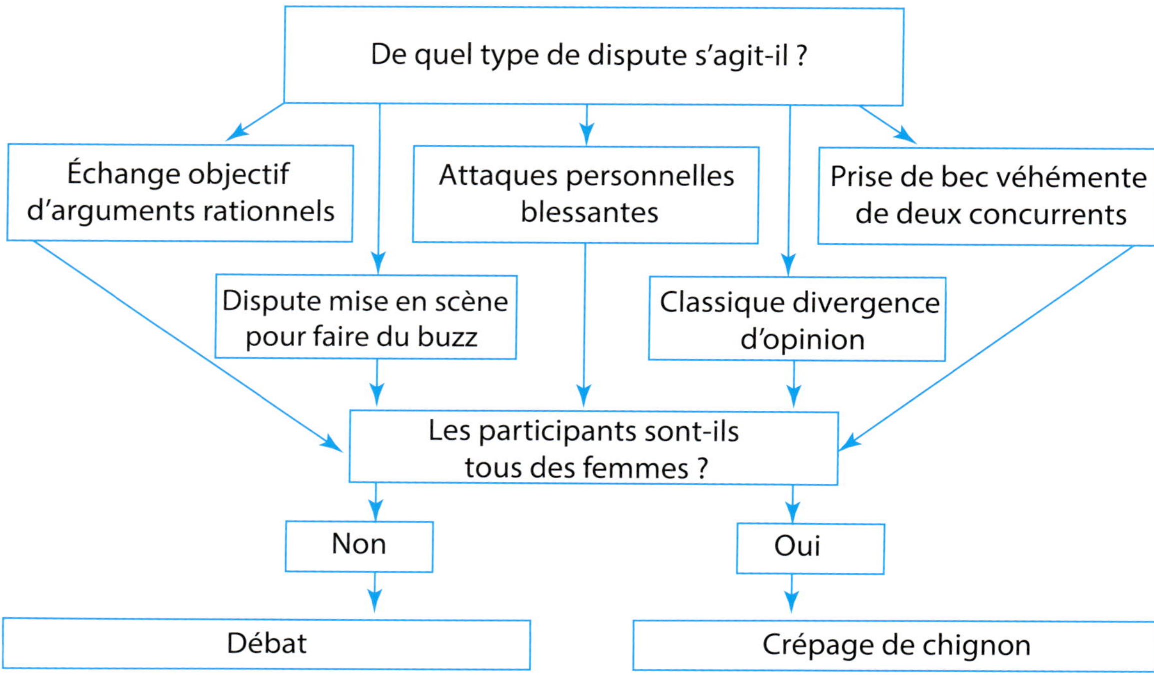

Choses qu'on apprend pendant ses études

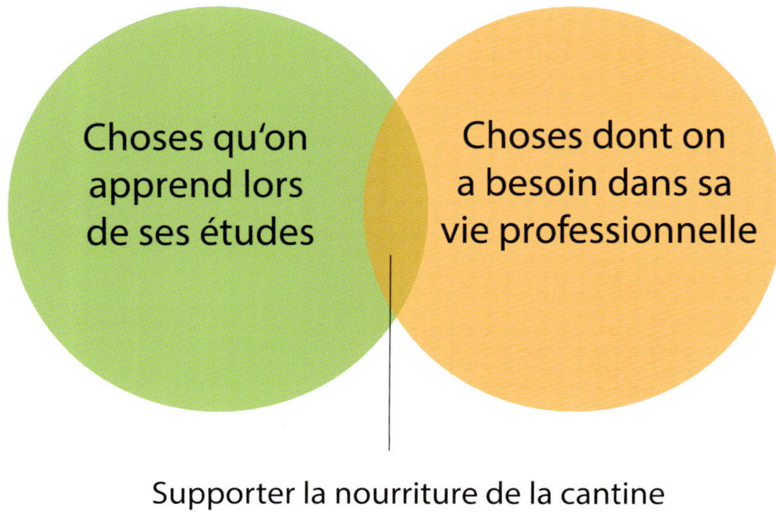

À quoi les femmes remarquent-elles que leurs maris les trompent

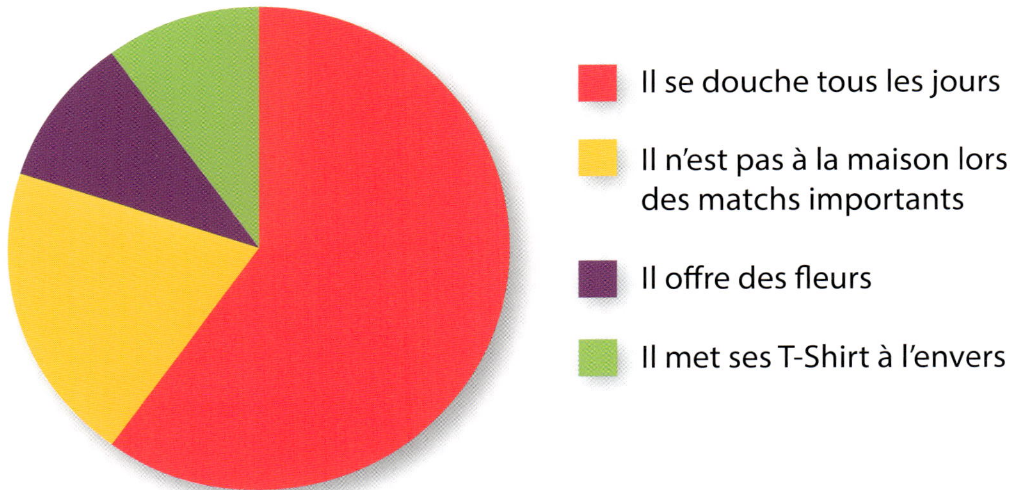

À quoi les hommes remarquent-ils que leurs femmes les trompent

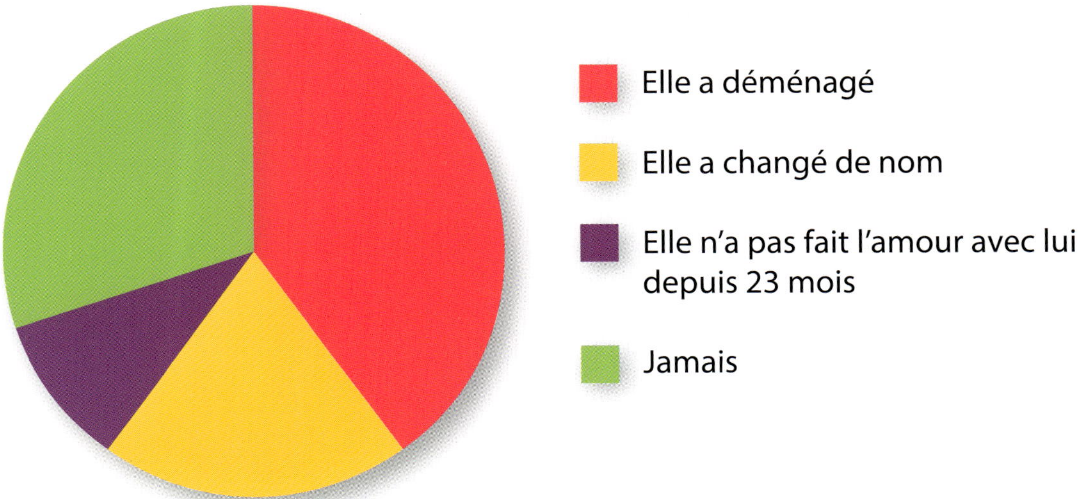

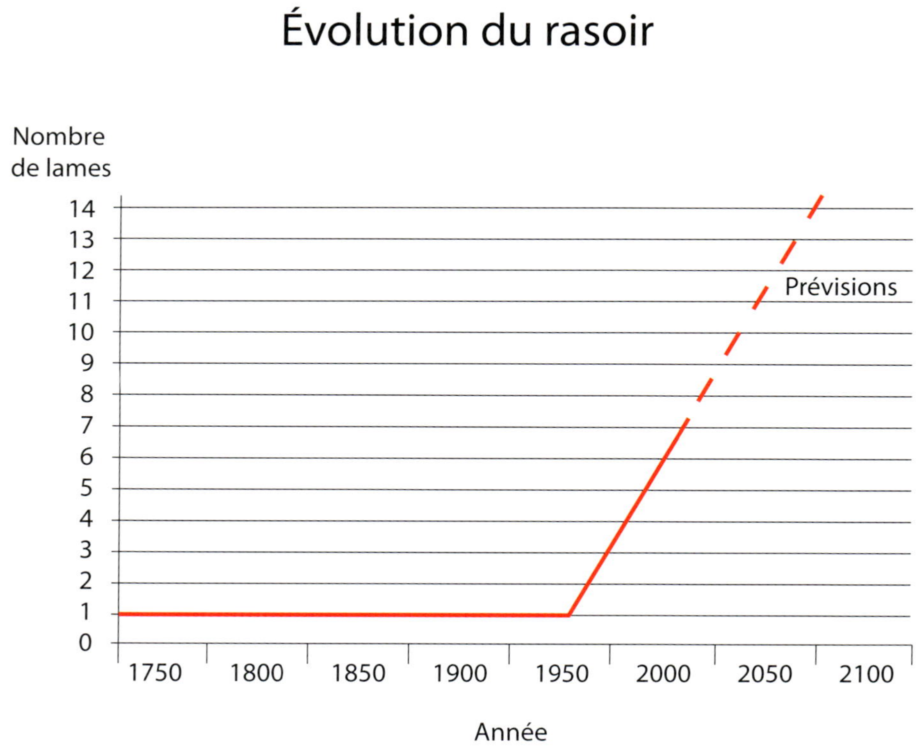
Évolution du rasoir
Nombre de lames
14
13
12
11
10
9
8
7
6
5
4
3
2
1
0
Prévisions
1750
1800
1850
1900
1950
2000
2050
2100
Année

Automne

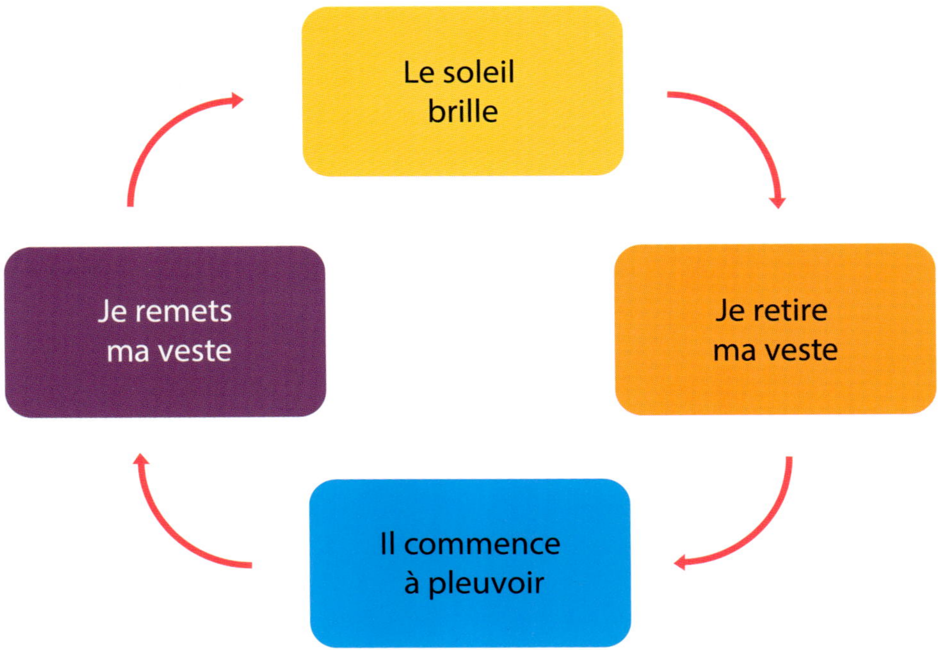
Le soleil brille
Je retire ma veste
Il commence à pleuvoir
Je remets ma veste

Sens pratique

Ce que j'ai emporté

Ce que j'ai utilisé

Ce que j'ai oublié

Dans les films d'horreur, ce que font les gens quand un inconnu entre dans la maison

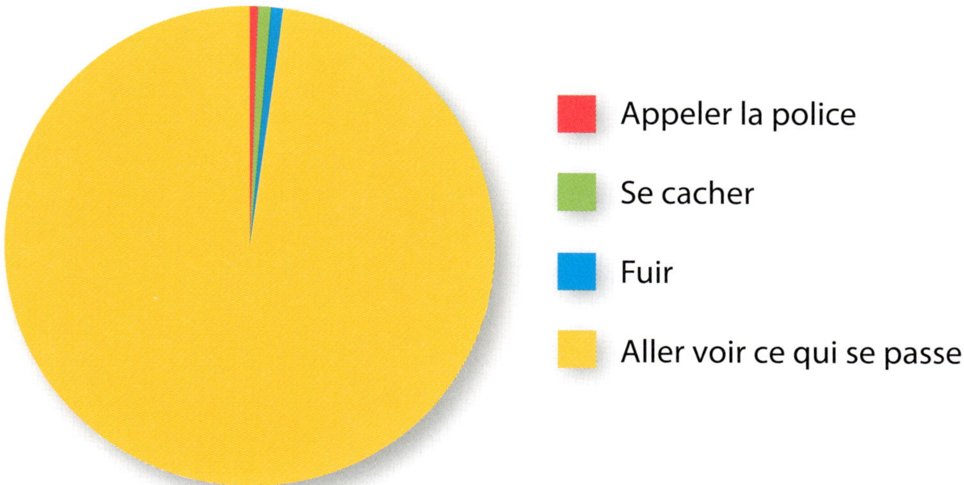

Activités au travail

Ce que ne comprennent pas les sociétés de démarchage par téléphone

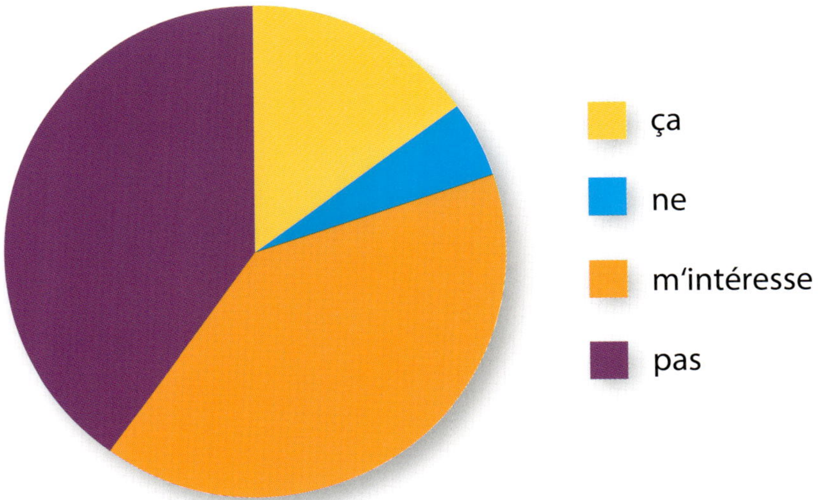

Où je me trouve quand ma chanson préférée passe en boîte de nuit

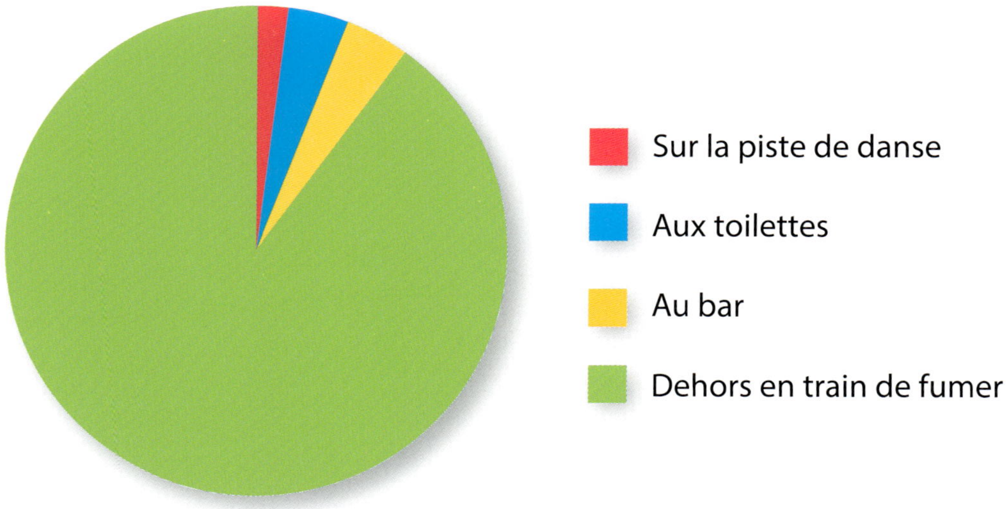

État de la machine quand je veux un café !

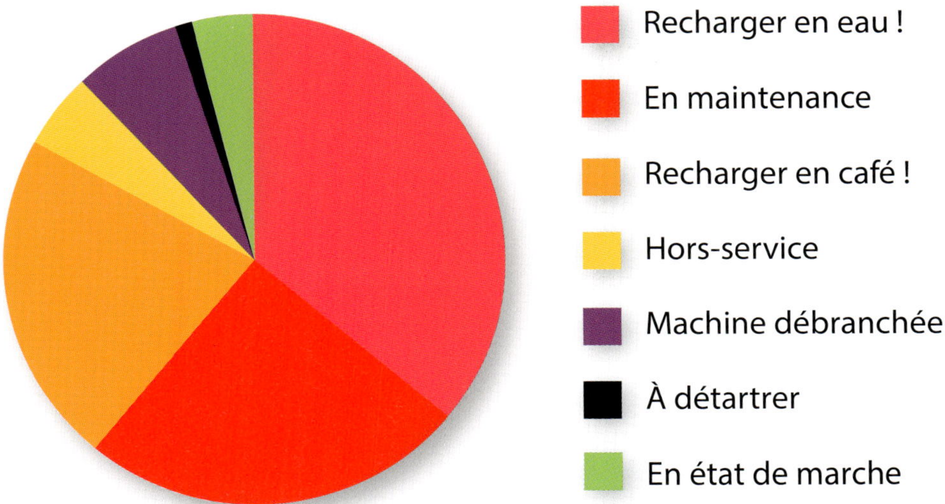

Constitution statistique du postérieur

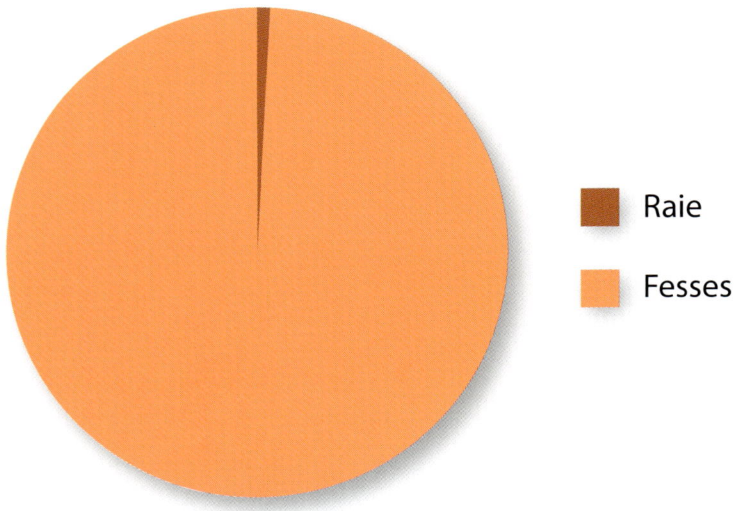

Foi, Amour, Espérance

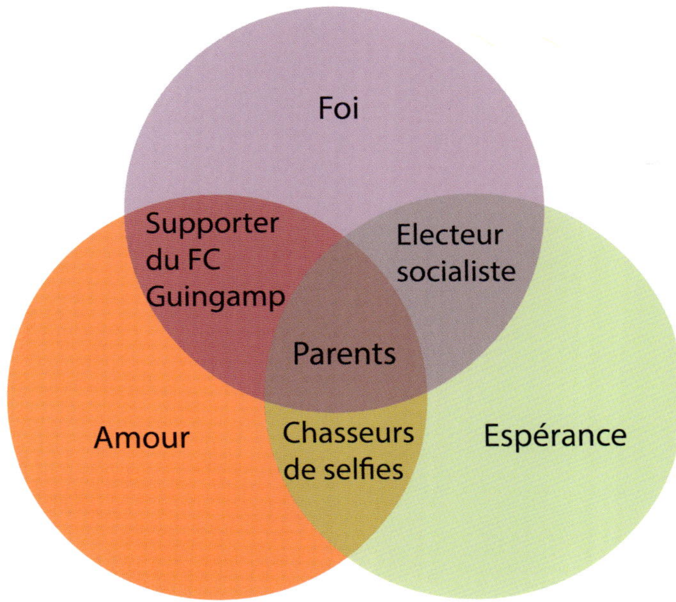

Ce que nous faisons quand l'ascenseur ne vient pas

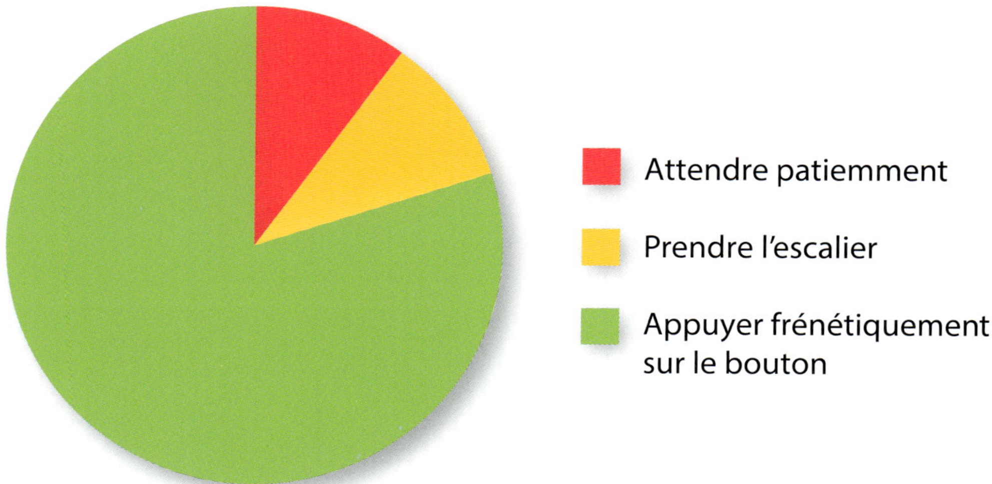

La taille de mon chat

Taille habituelle

Taille quand il dort sur mon lit

L'enfance dans les années 80

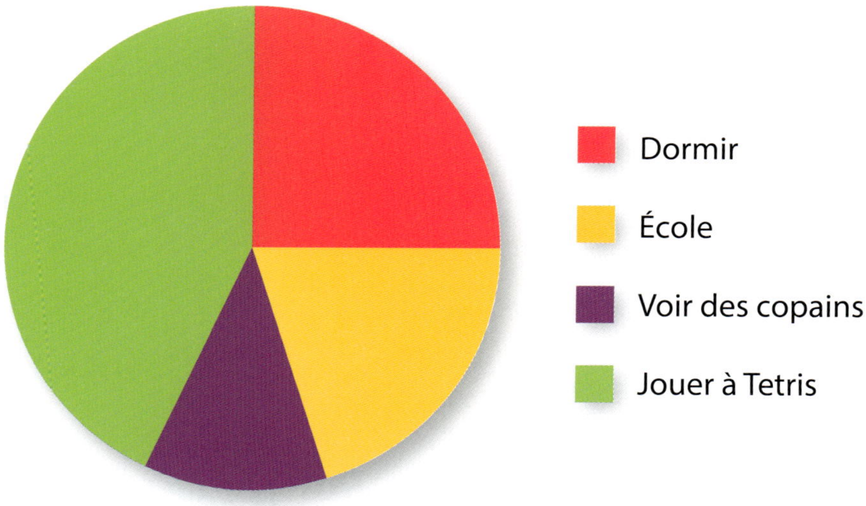

Les hommes sont …

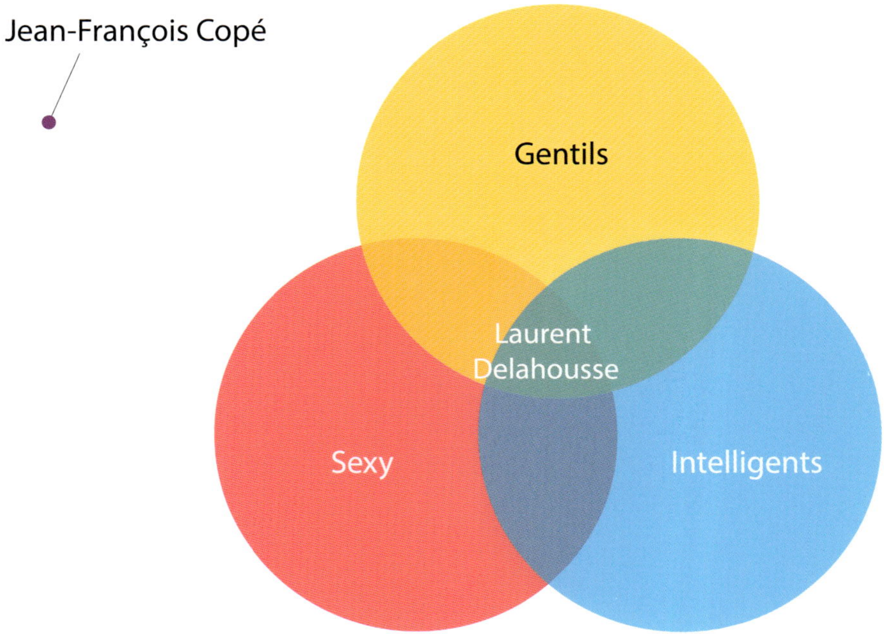

Raisons pour lesquelles ma mère m'appelle

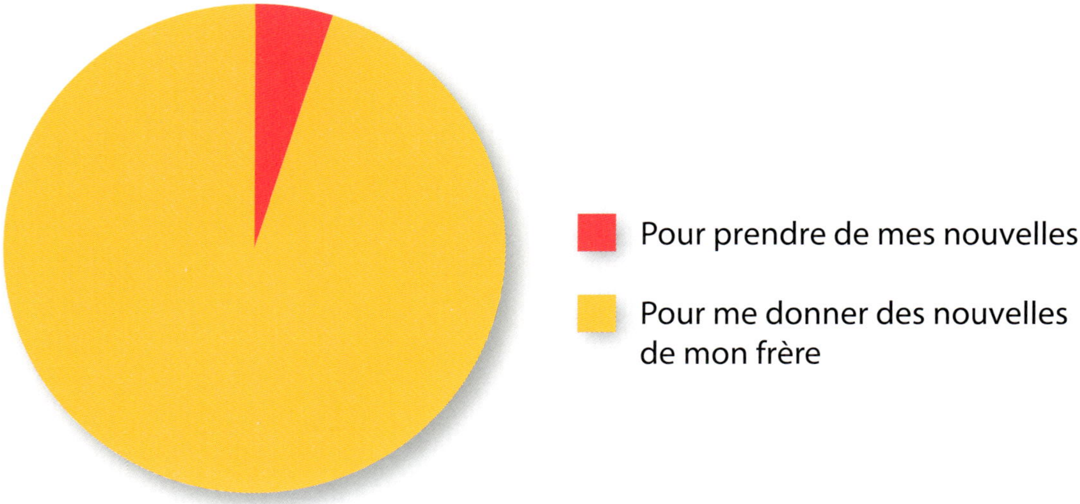

Critiques de livres sur Amazon

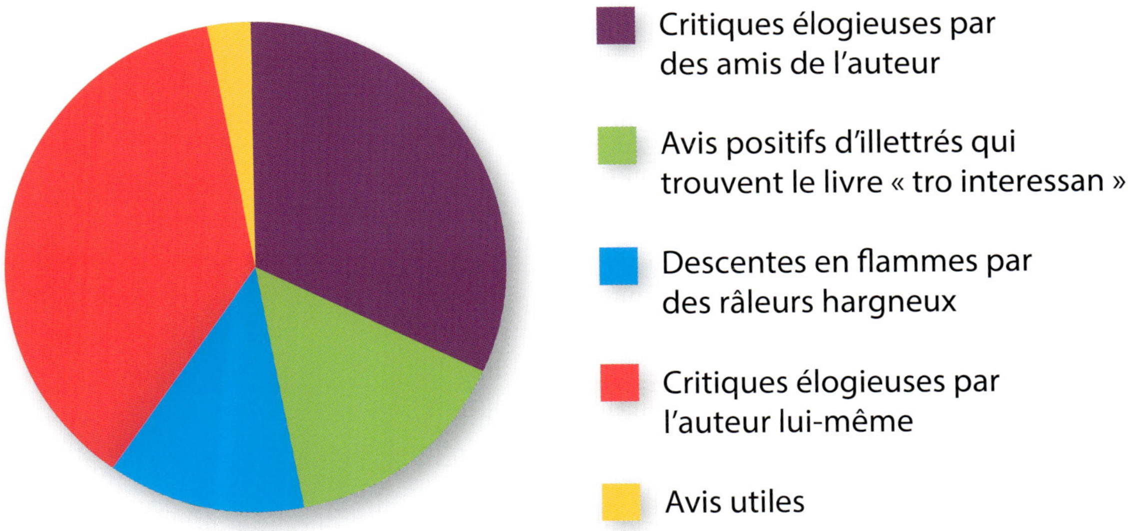

Fréquence d'utilisation de ses doigts en cas de colère

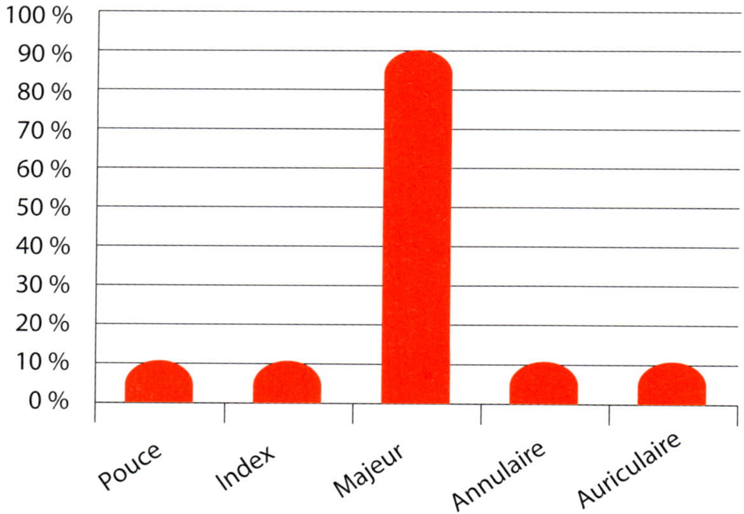

Mes difficultés à l'étranger

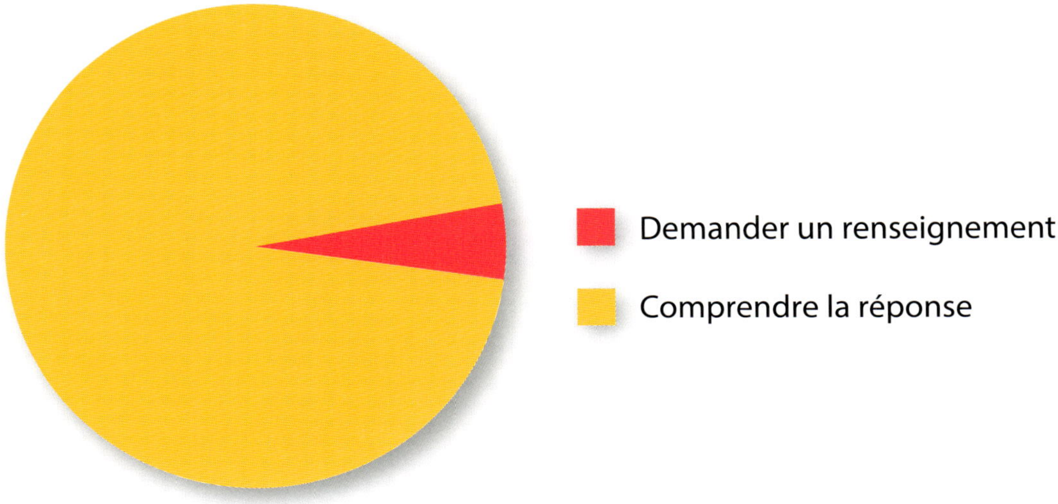

Le bonheur est dans le pet

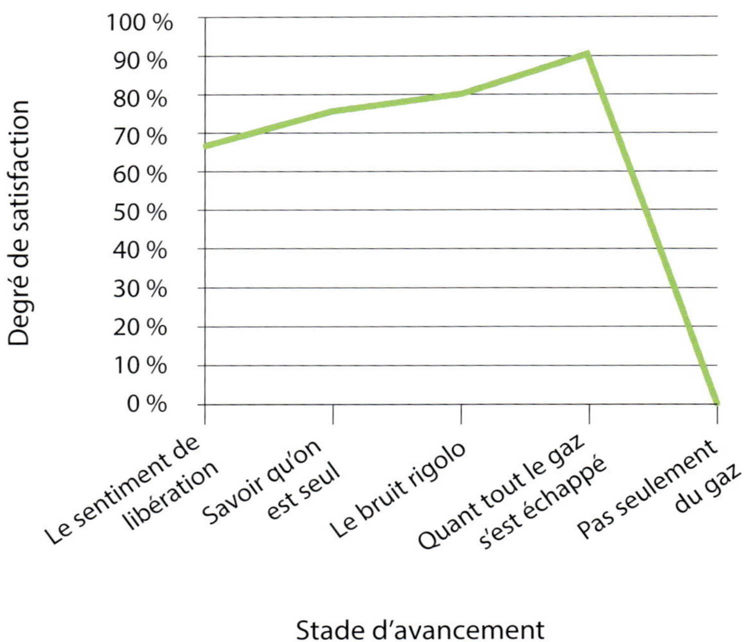

Qui me rappelle les anniversaires de famille

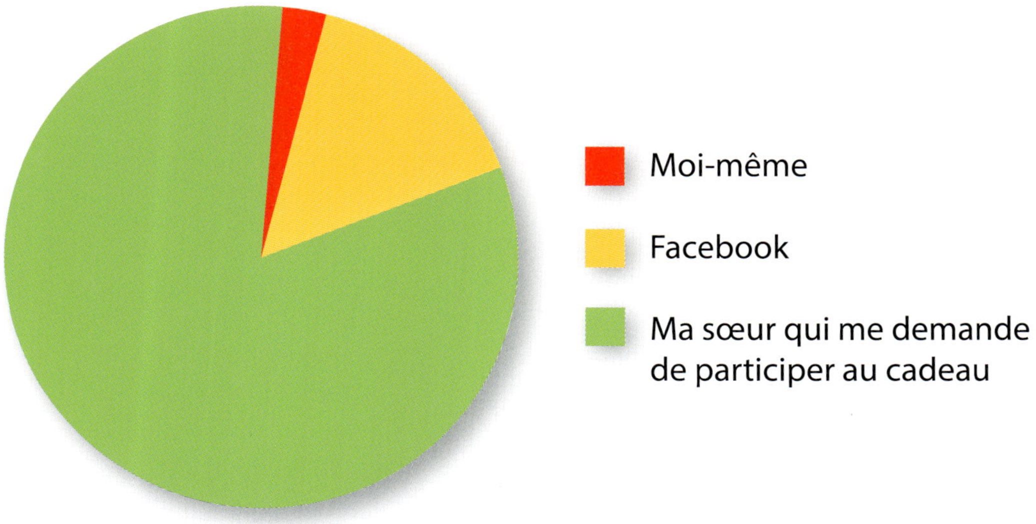

Centres d'intérêt de mes amis sur Facebook

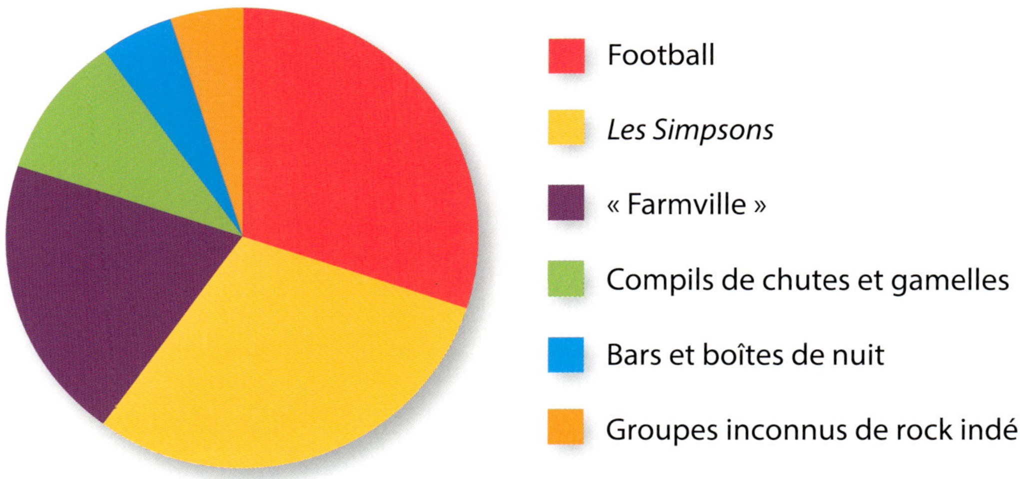

Centres d'intérêt de mes amis sur LinkedIn

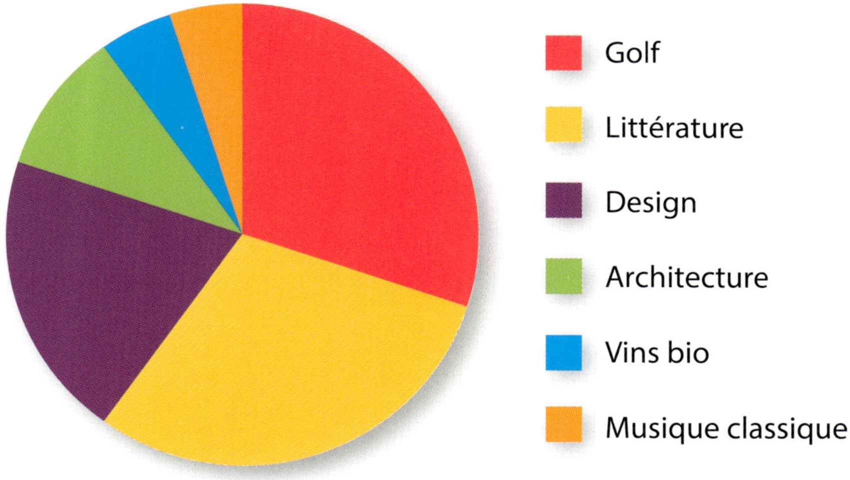

Les effets de l'alcool sur les hommes

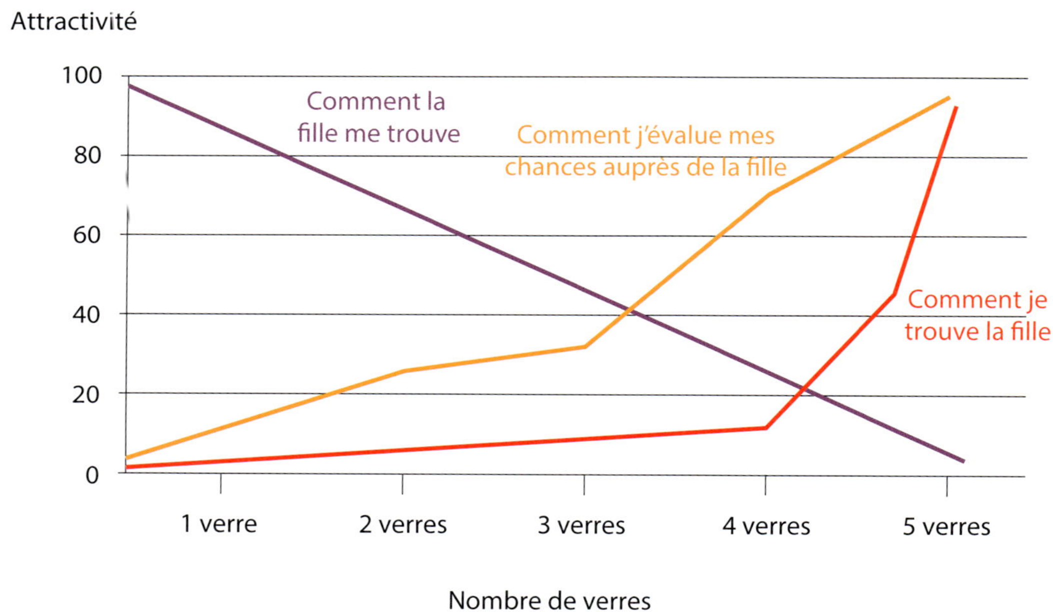

Où le jus de citron gicle

Pourquoi j'utilise Google

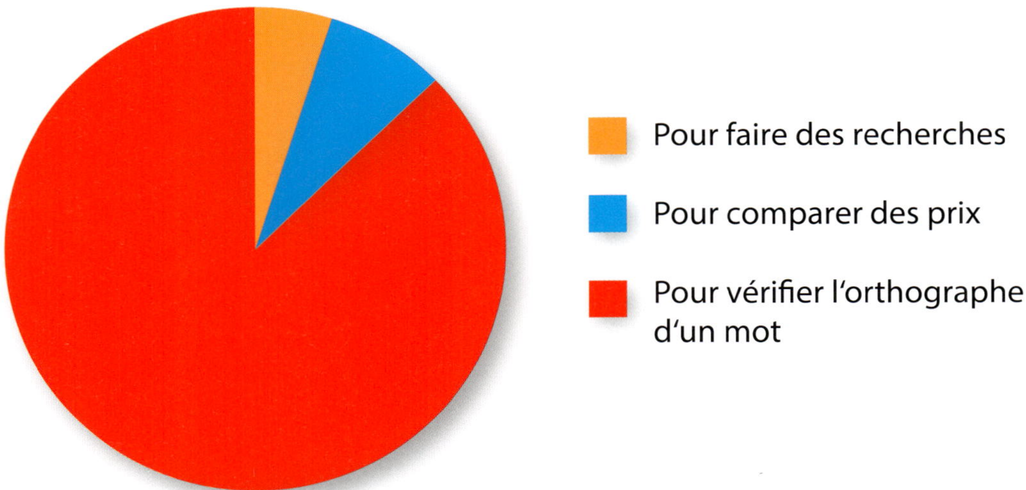

Ce qu'on admirait chez Neil Armstrong

Vainqueurs de la Nouvelle Star

Qui j'empêche de se connecter à mon compte grâce à mon mot de passe super-compliqué

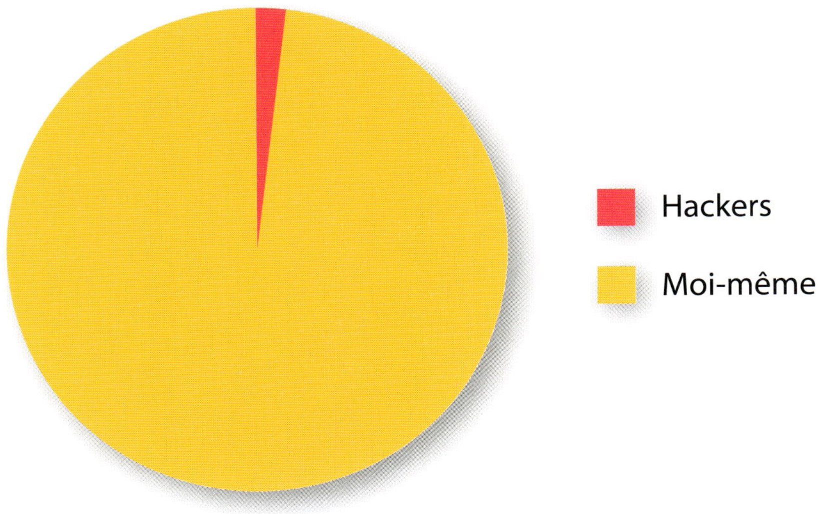

Utilisation de pointeurs laser

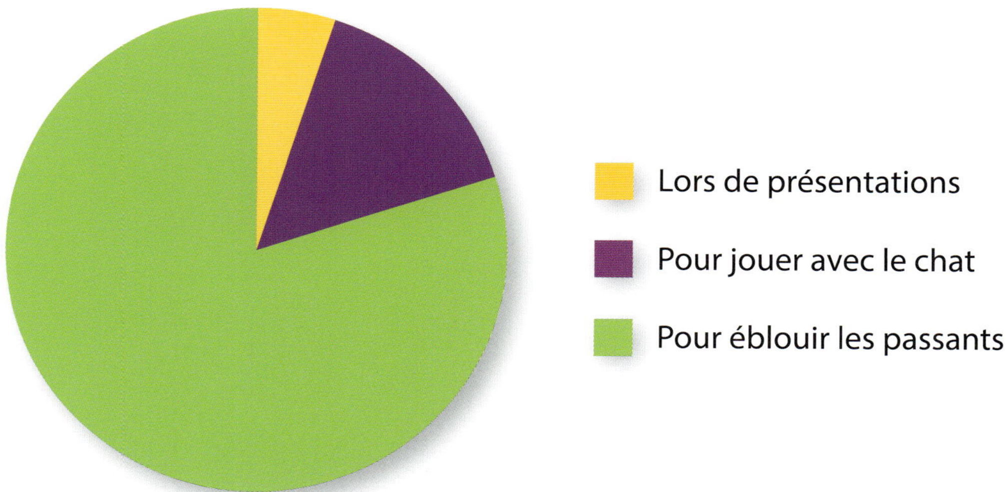

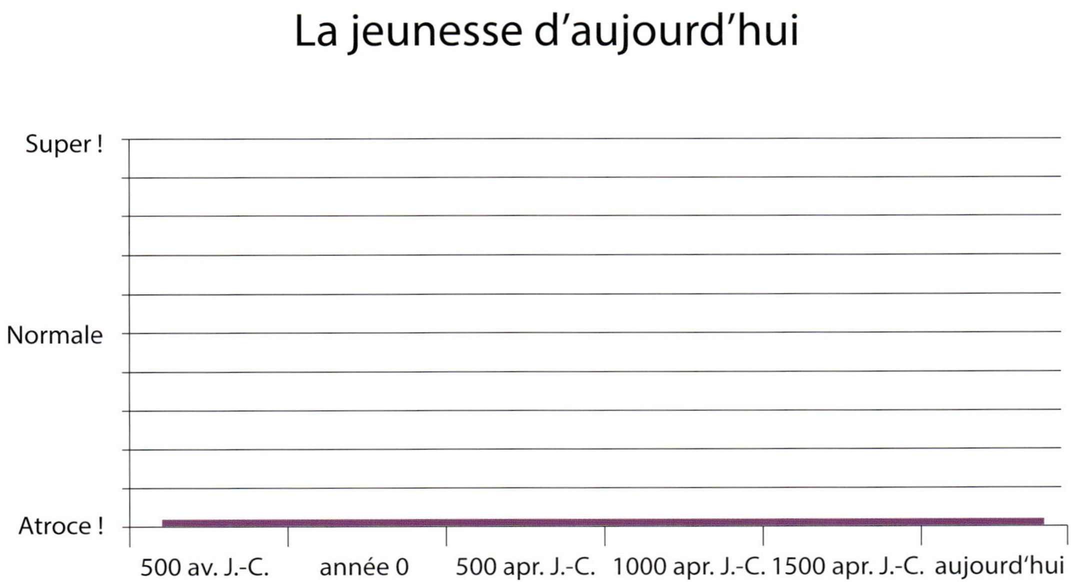
La jeunesse d'aujourd'hui
Super !
Normale
Atroce !
500 av. J.-C.
année 0
500 apr. J.-C.
1000 apr. J.-C.
1500 apr. J.-C.
aujourd'hui

Ce qui se passe quand on transmet des messages-chaînes

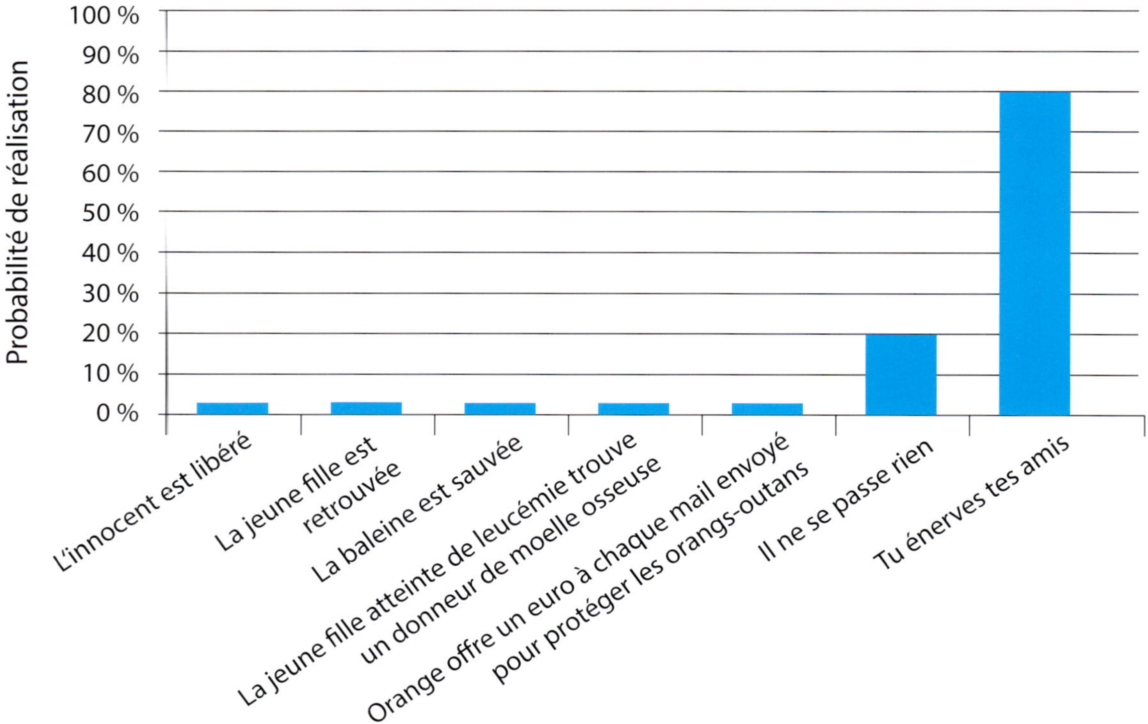

De quoi ont peur les enfants

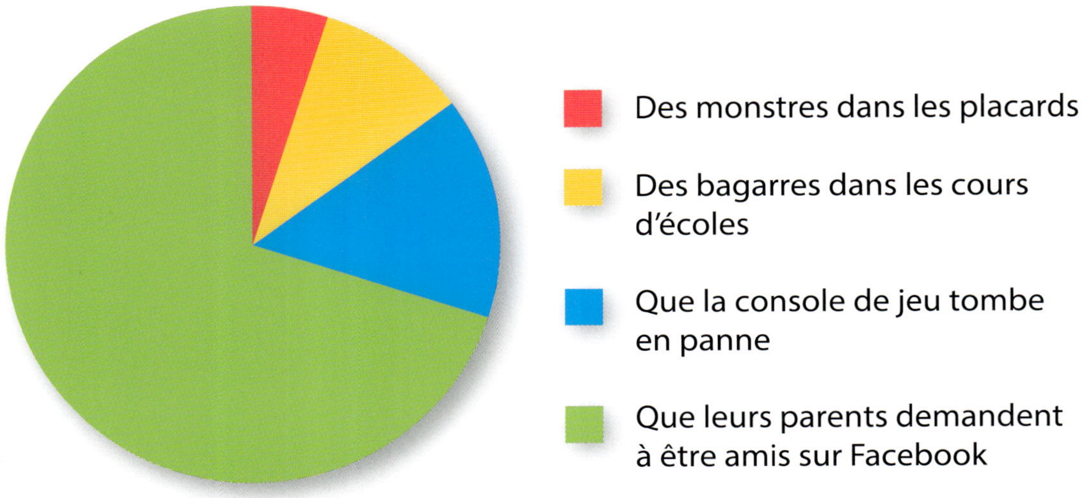

Ouvrir une porte

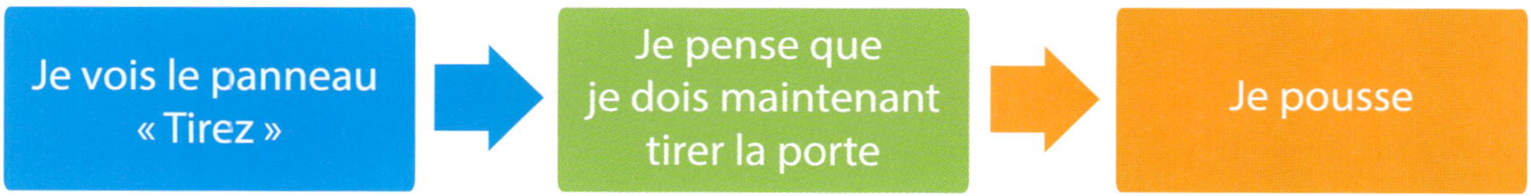

Les jours que j'aime

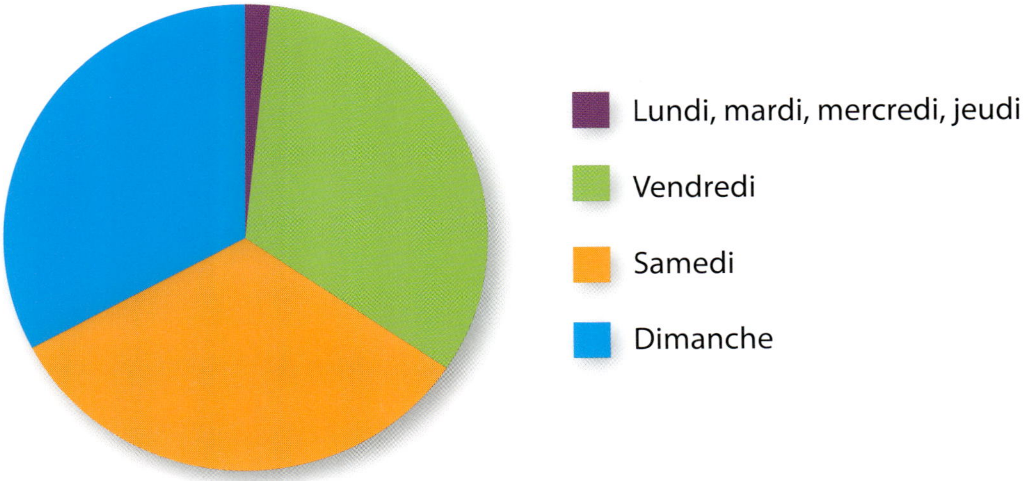

La Grèce – une analyse

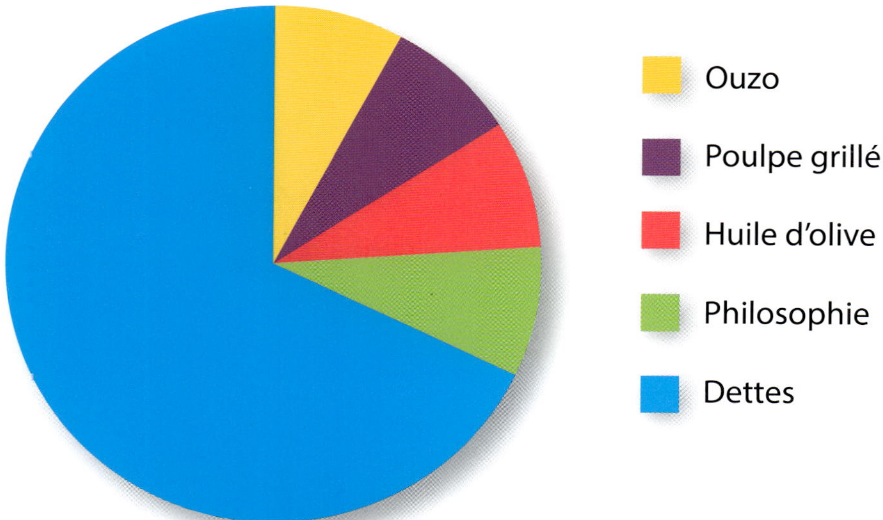

Qui meurt dans les films

Film américain	La blonde sexy La gentille brune
Film français	Le personnage principal
Film indien	Personne
Film scandinave	Presque tout le monde
Film allemand	Le cheval de l'héroïne

Quand les femmes trouvent des exceptions à l'égalité hommes-femmes

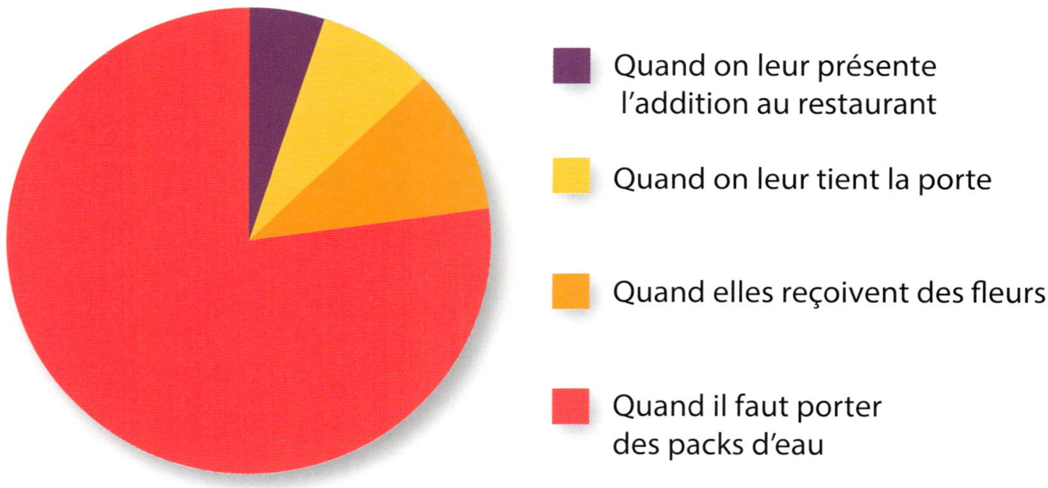

Quand les hommes sont pour l'égalité hommes-femmes

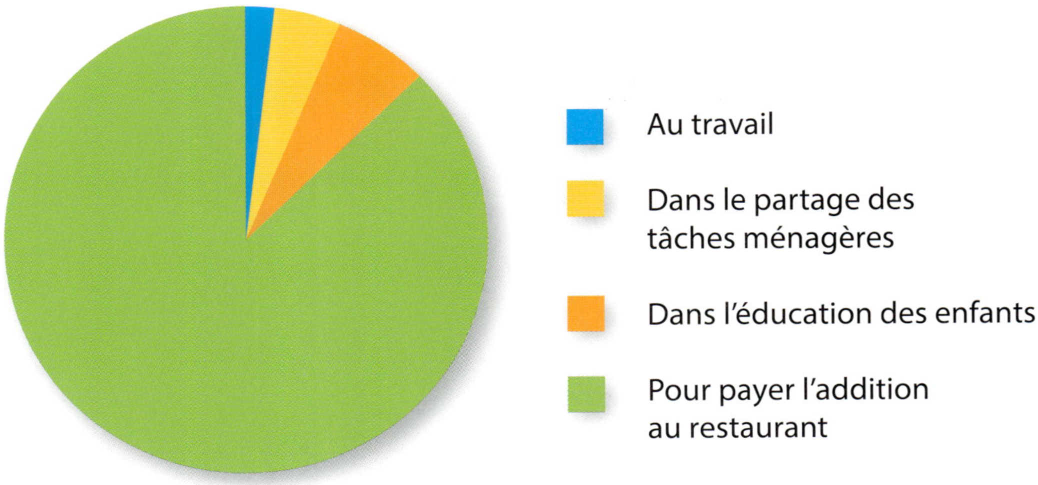

Pris la main dans le sac : la vérité

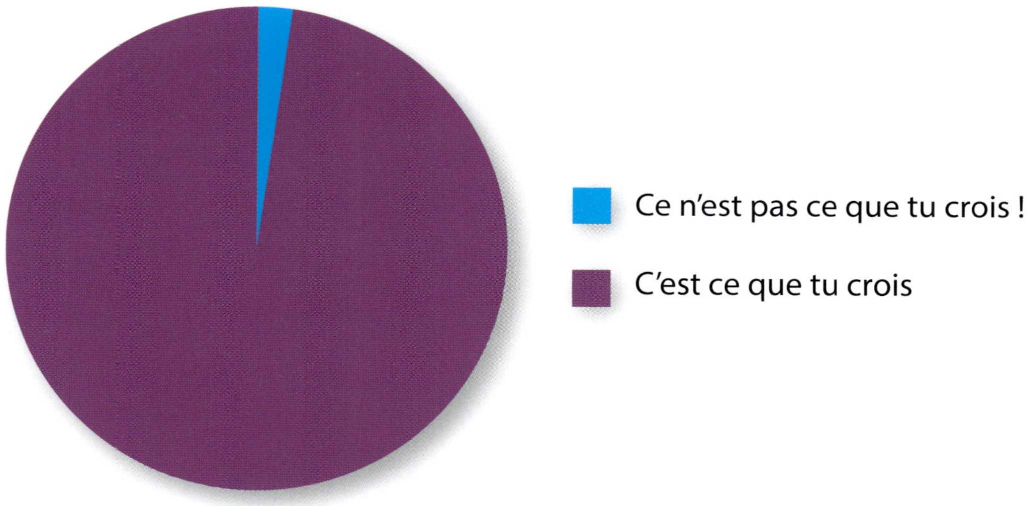

Ce qui a le goût de poulet

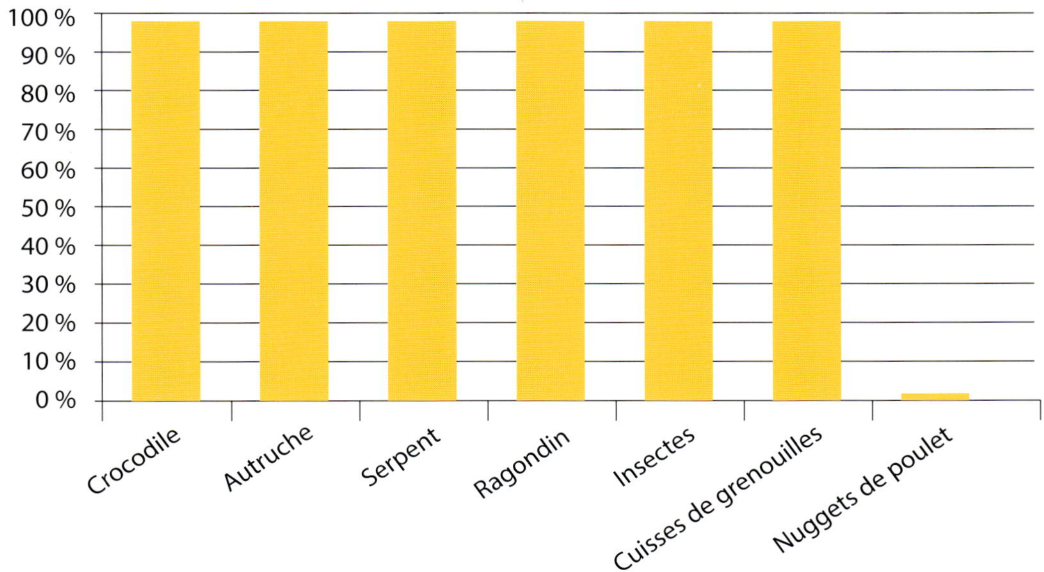

Comment je m'étais imaginé l'âge adulte

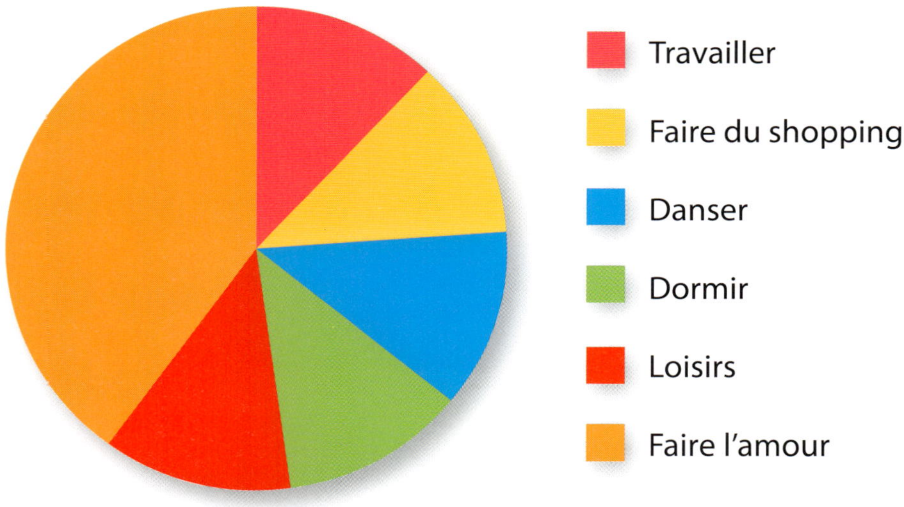

L'âge adulte dans la réalité

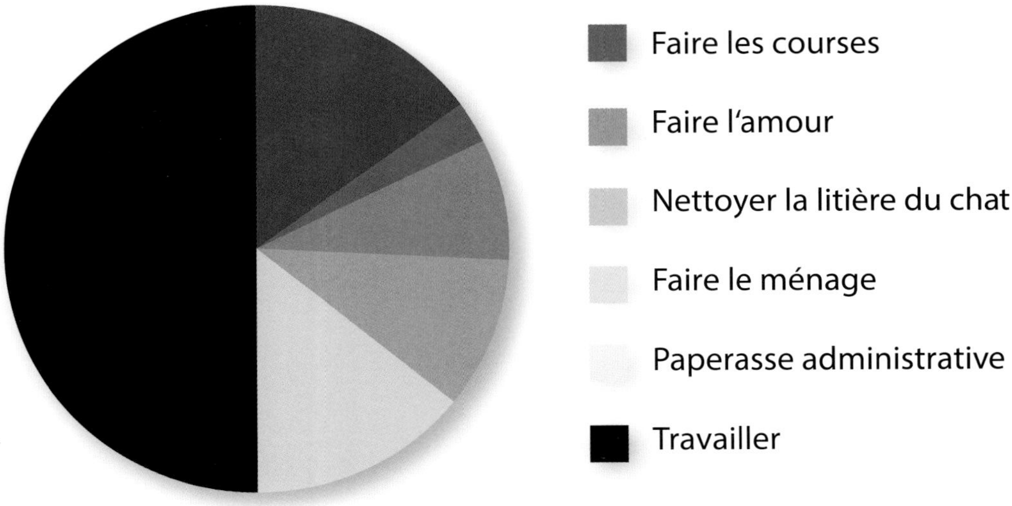

Ce que font les hommes quand ils tiennent entre leurs mains une poupée de porcelaine de collection

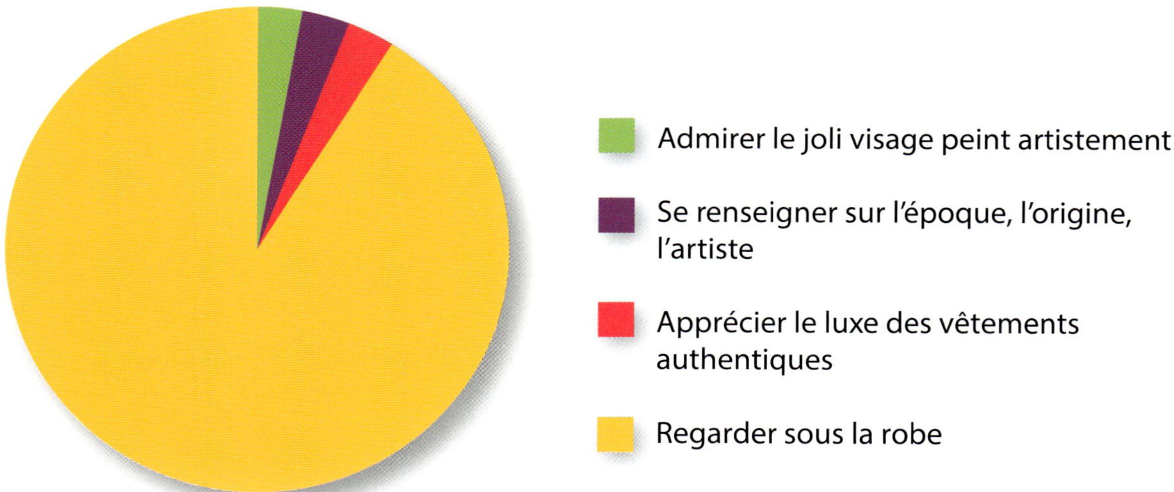

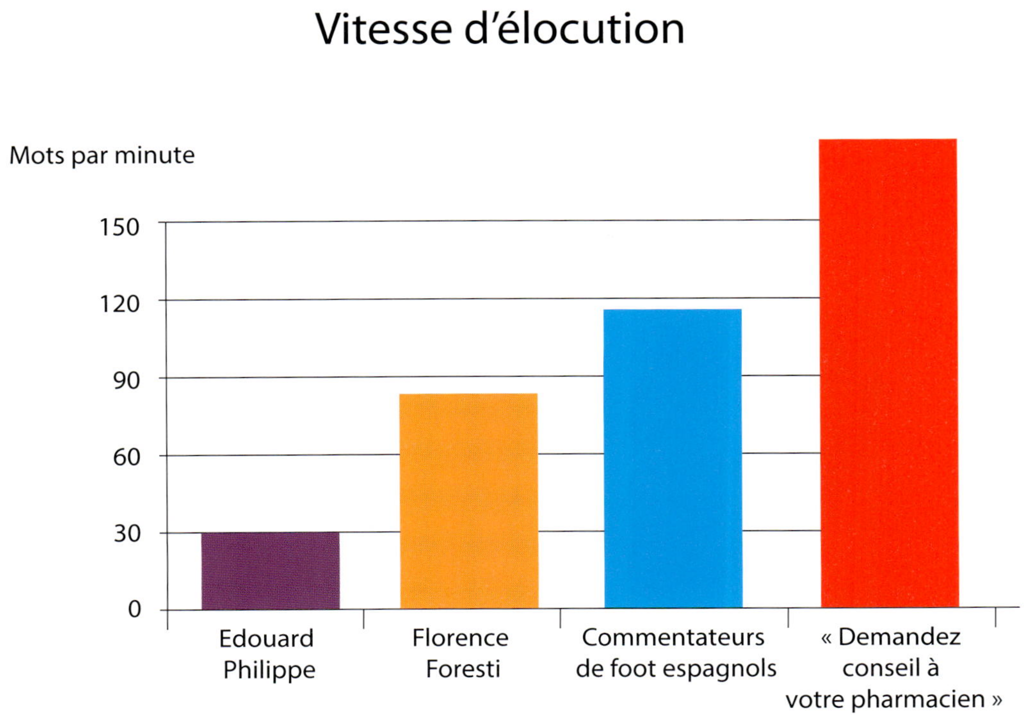
Vitesse d'élocution
Mots par minute
150
120
90
60
30
0
Edouard Philippe
Florence Foresti
Commentateurs de foot espagnols
« Demandez conseil à votre pharmacien »

Pourquoi les femmes pleurent

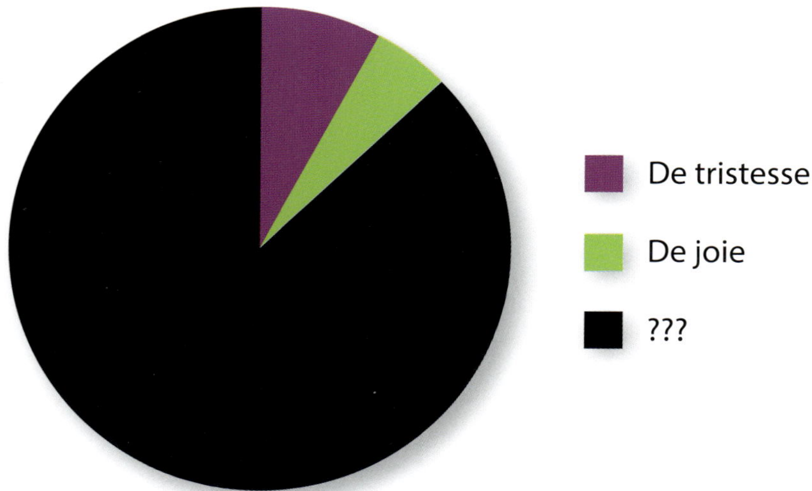

Les constellations connues

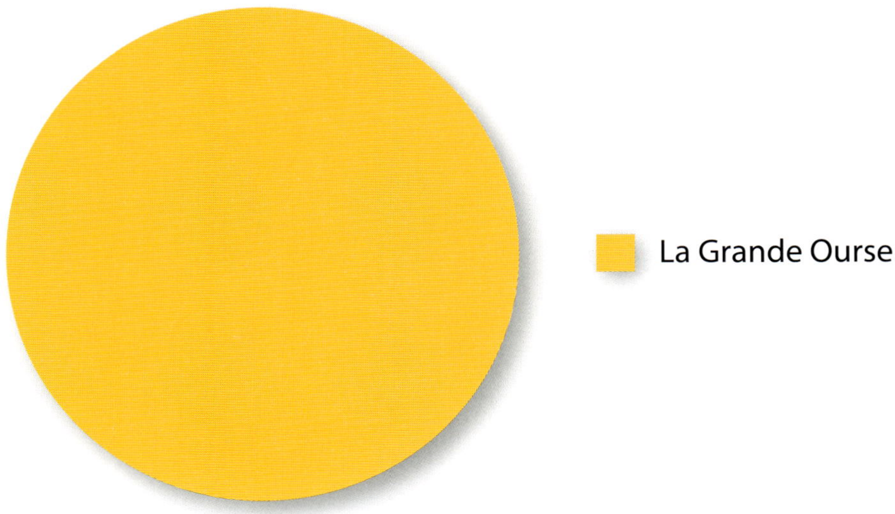

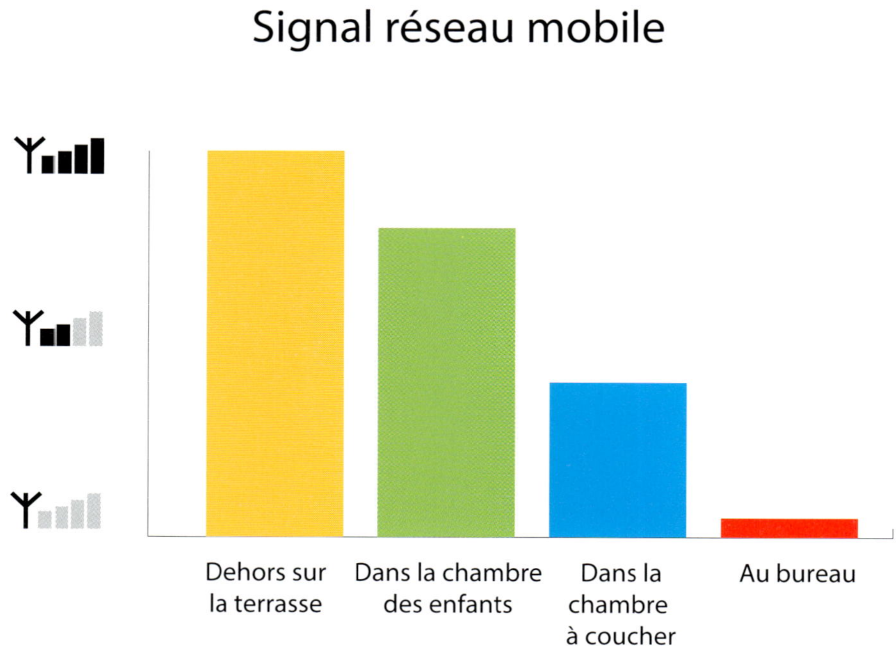
Signal réseau mobile
Dehors sur la terrasse
Dans la chambre des enfants
Dans la chambre à coucher
Au bureau

Art contemporain

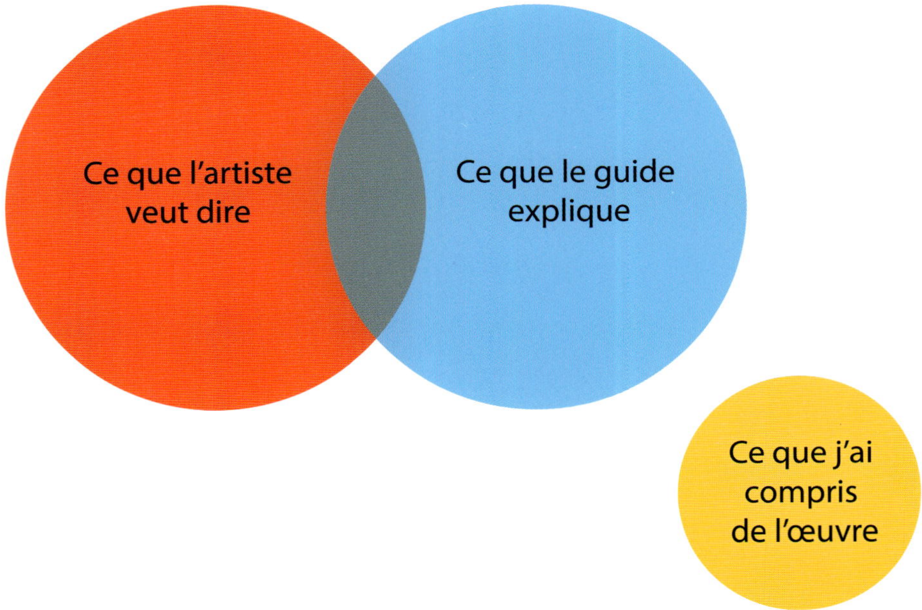

Le plus pénible chez Justin Bieber

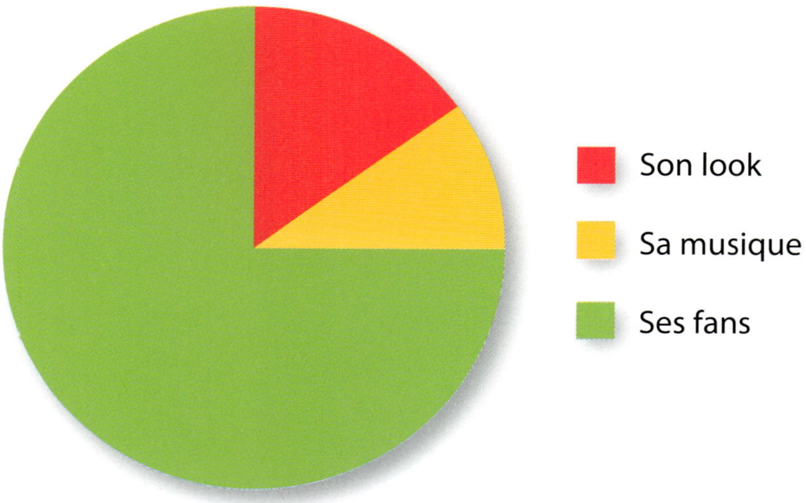

Bonnes raisons de boire un verre dans l'après-midi

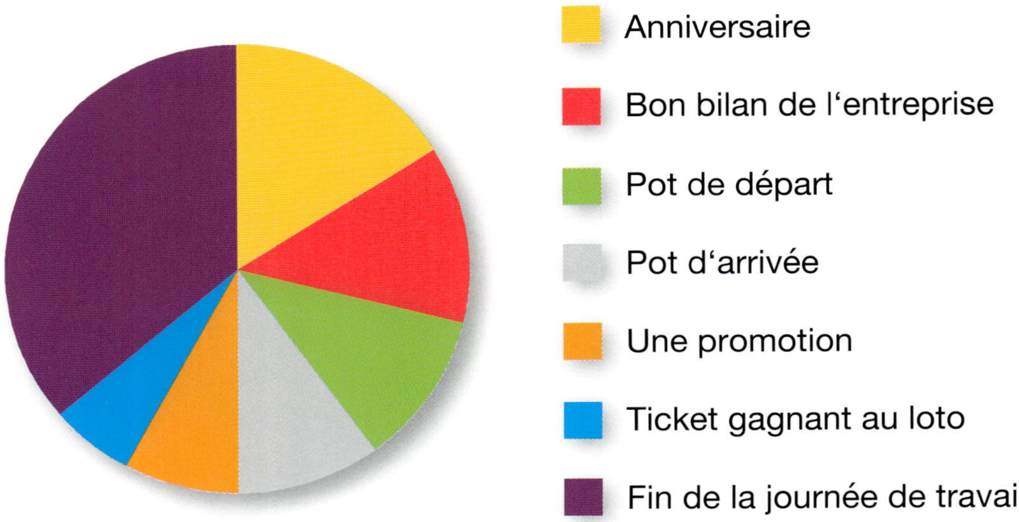

Analyse chimique du petit bassin

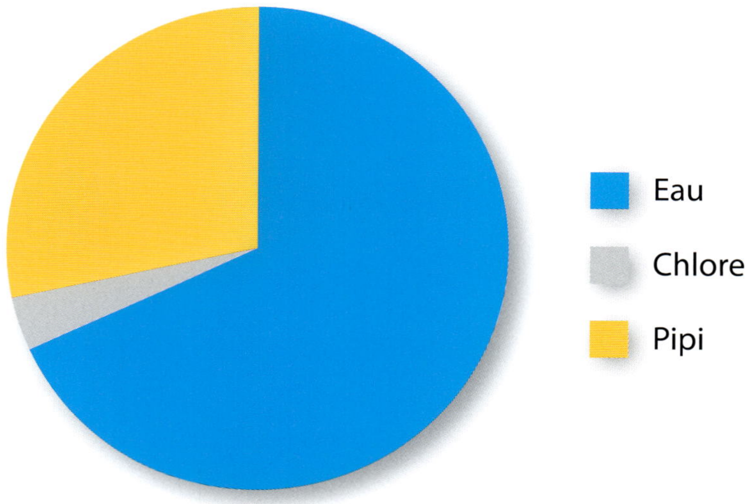

Discours

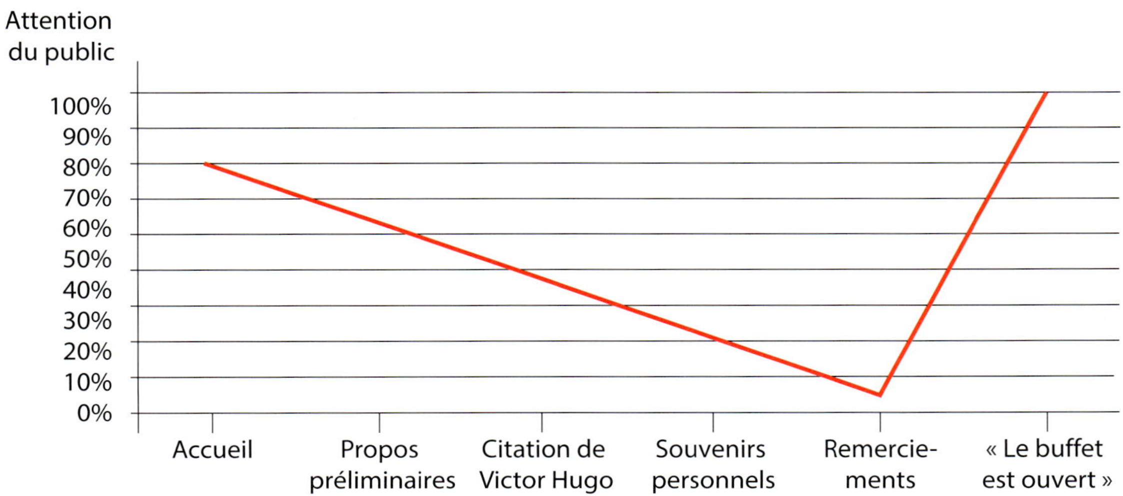
Attention du public
100%
90%
80%
70%
60%
50%
40%
30%
20%
10%
0%
Accueil
Propos préliminaires
Citation de Victor Hugo
Souvenirs personnels
Remercie-ments
« Le buffet est ouvert »

Ce qu’on pense quand on croise une femme enceinte

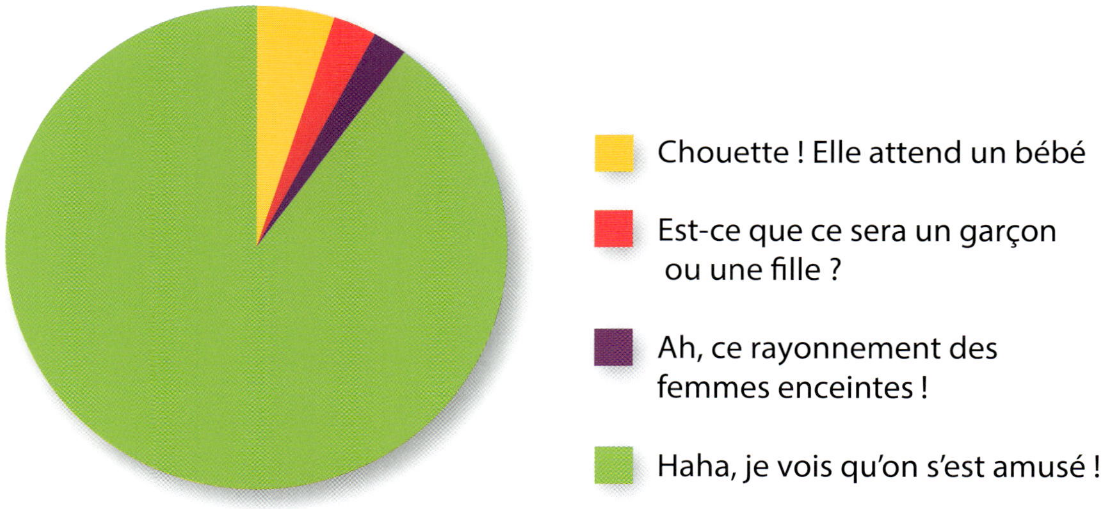

Résolution des problèmes de connexion par le SAV

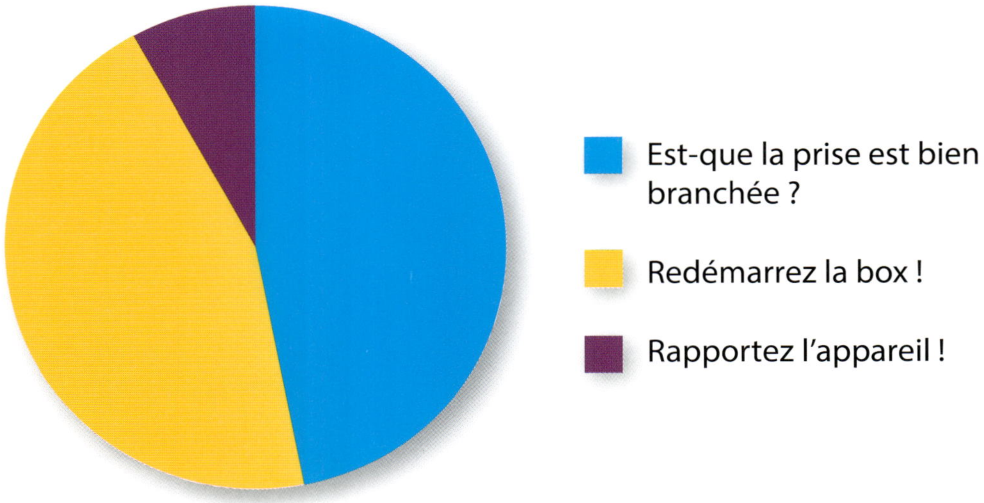

Répartition des pouvoirs en entreprise

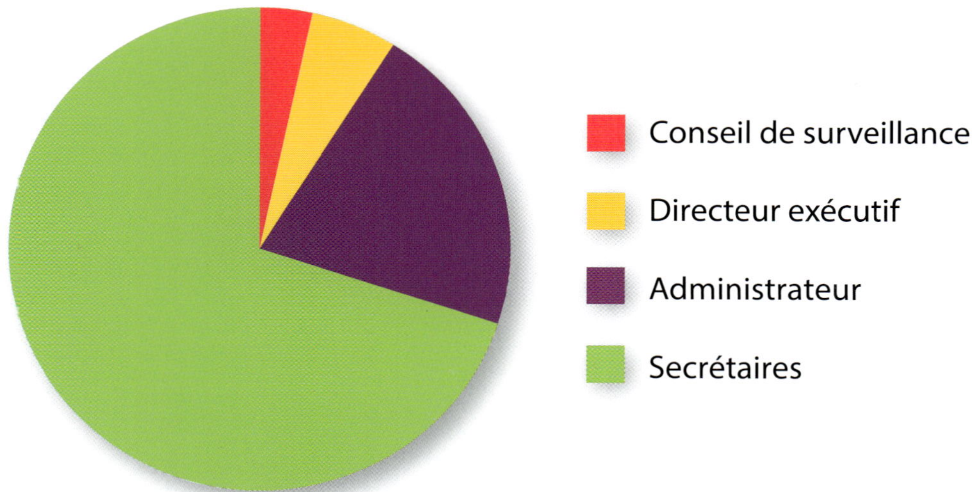

Dans mes playlists

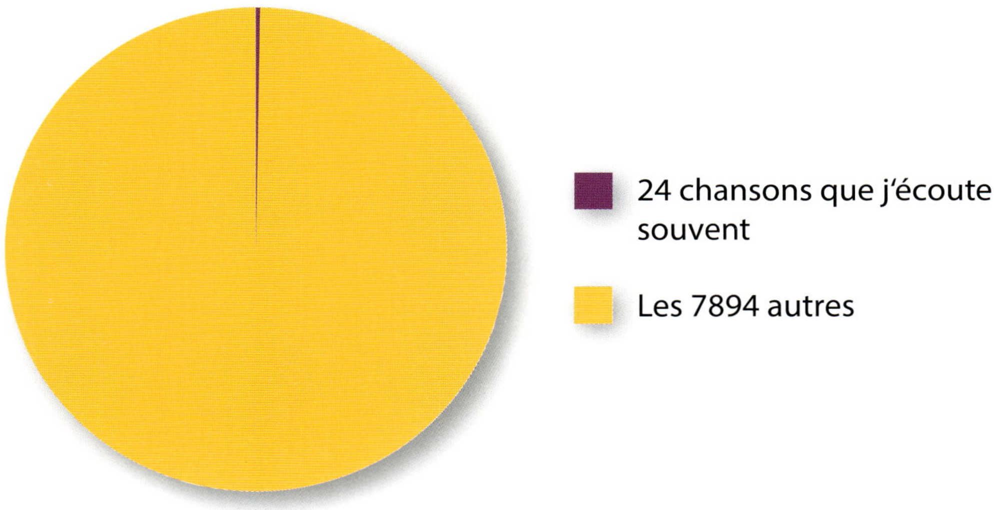

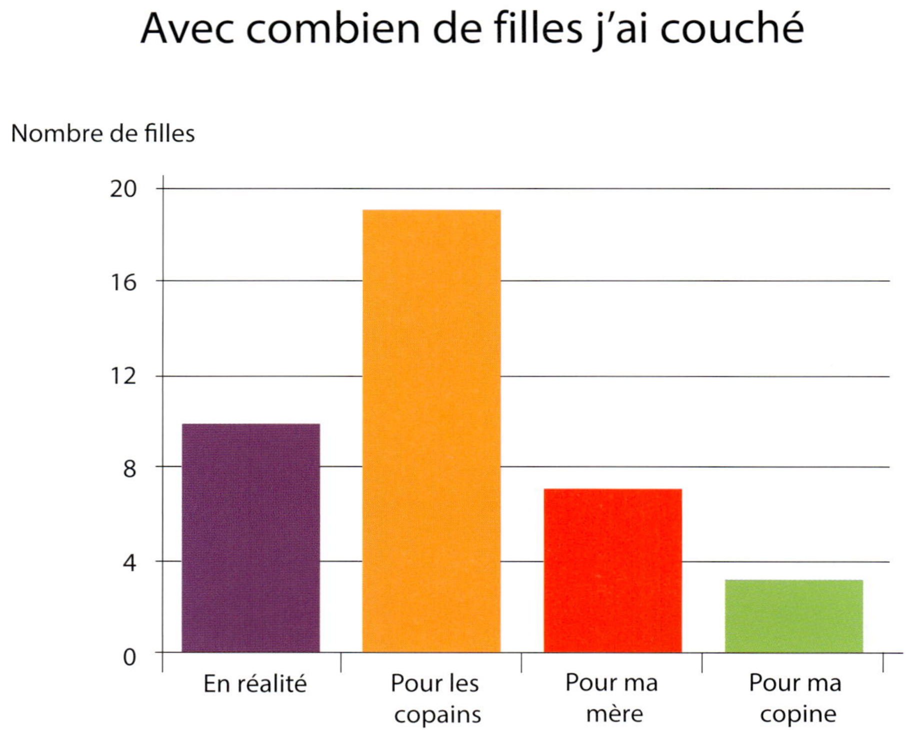
Avec combien de filles j'ai couché
Nombre de filles
20
16
12
8
4
0
En réalité
Pour les copains
Pour ma mère
Pour ma copine

Ce qu'on fait quand on voit une étoile filante

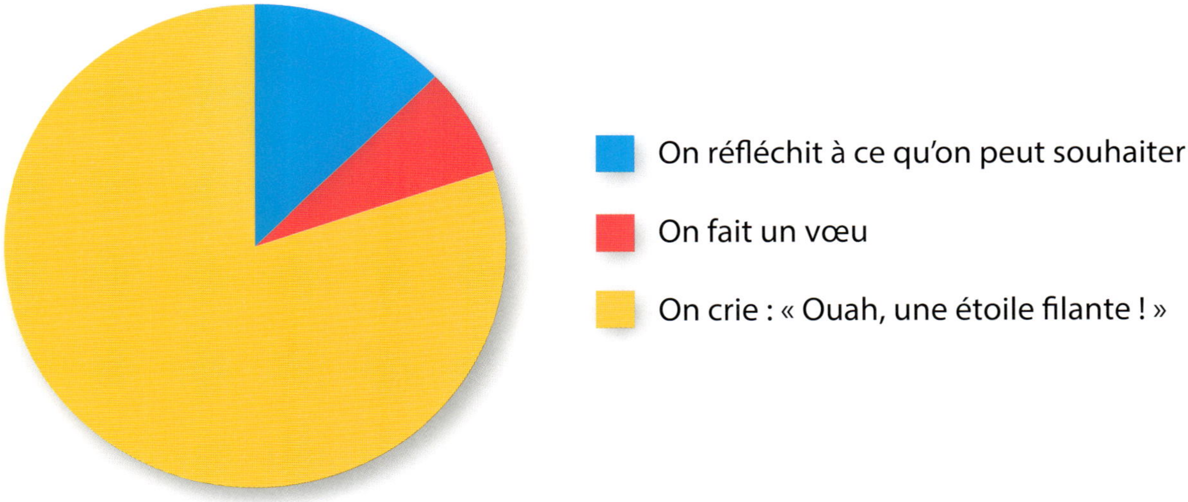

Les plus gros problèmes (dans le monde)

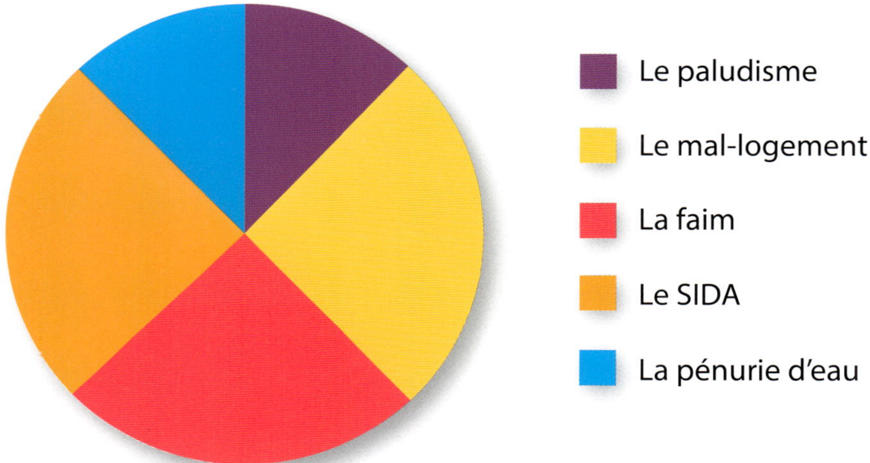

Les plus gros problèmes (chez nous)

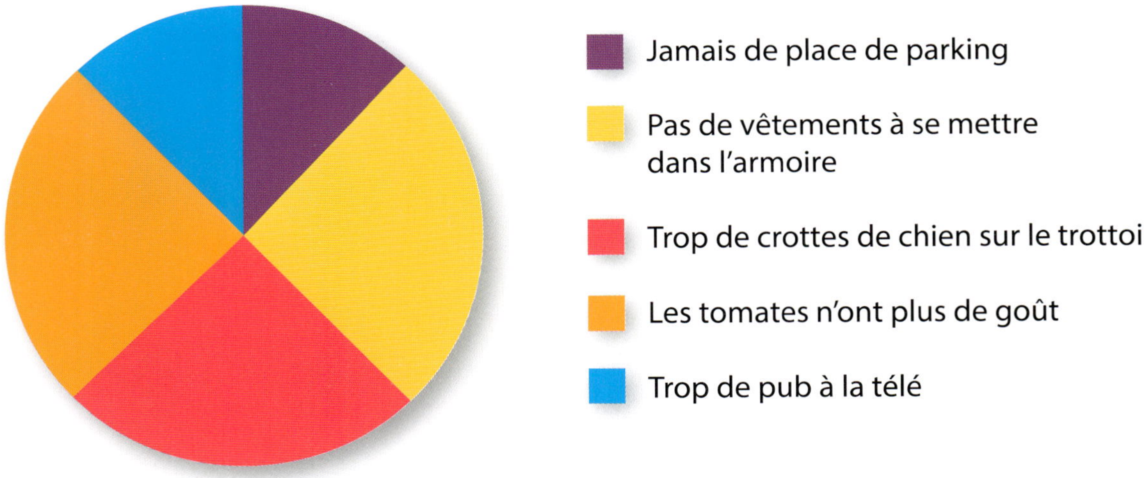

Les pères

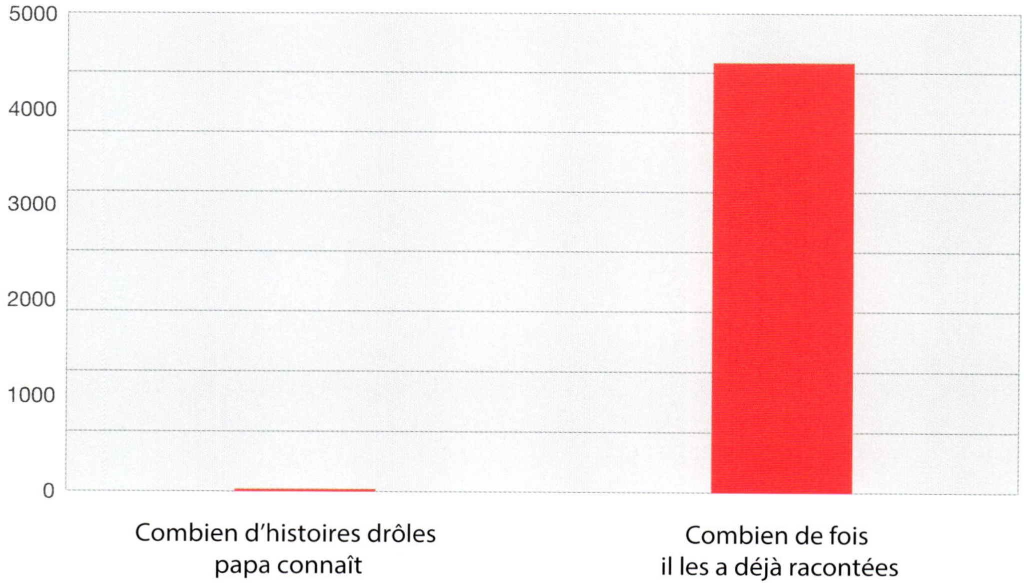
5000
4000
3000
2000
1000
0
Combien d'histoires drôles papa connaît
Combien de fois il les a déjà racontées

Les photos des enfants

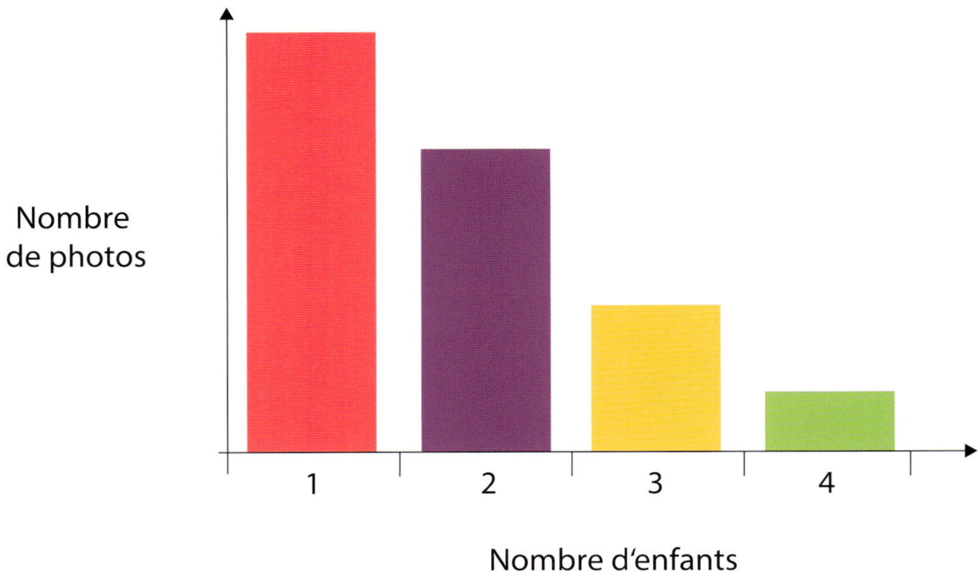

Ce qu'on fait quand on doit arroser les plantes du voisin

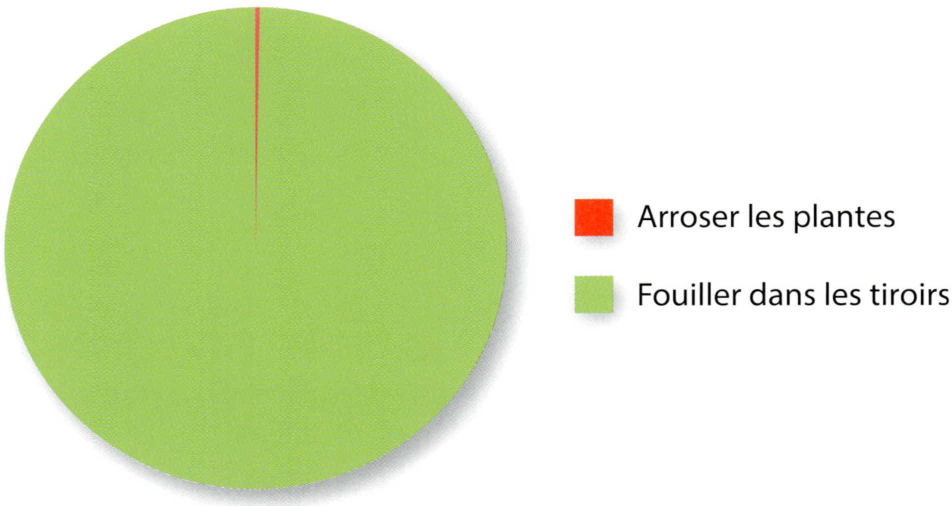

Gestion de projet au travail

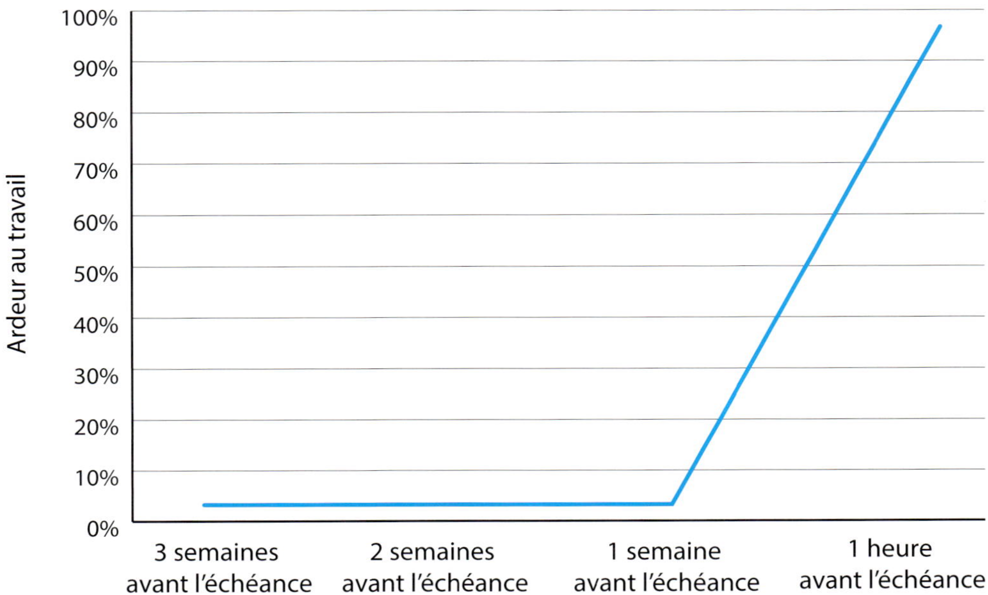

Vie et mort

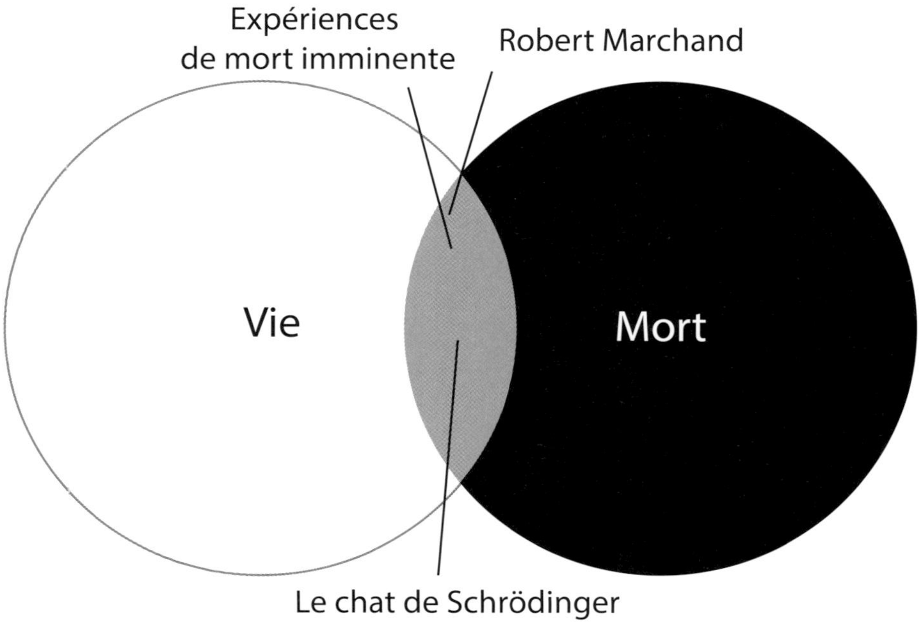

Expériences de mort imminente
Robert Marchand
Vie
Mort
Le chat de Schrödinger

À quoi me servent mes 5 années de latin

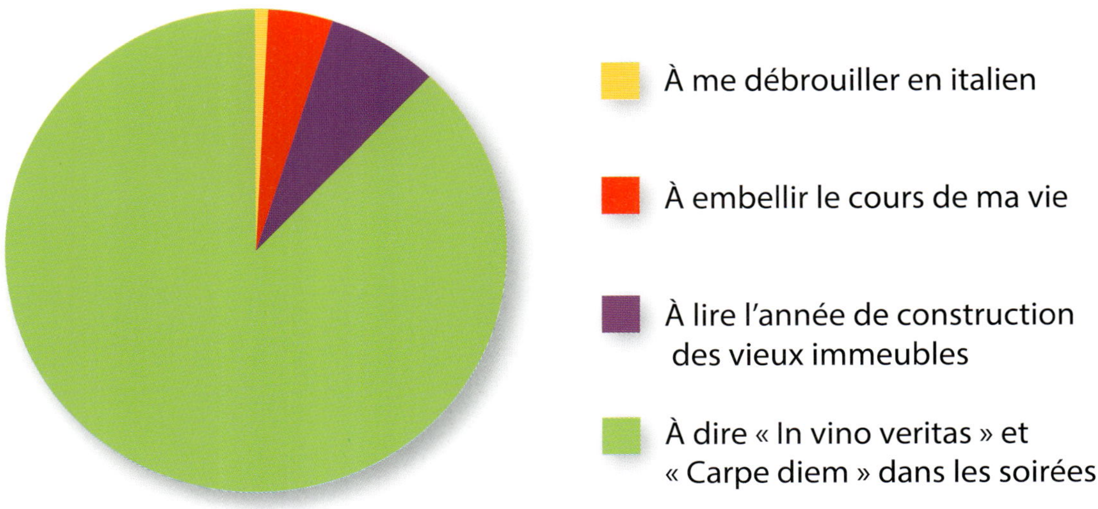

Les mensonges du porno

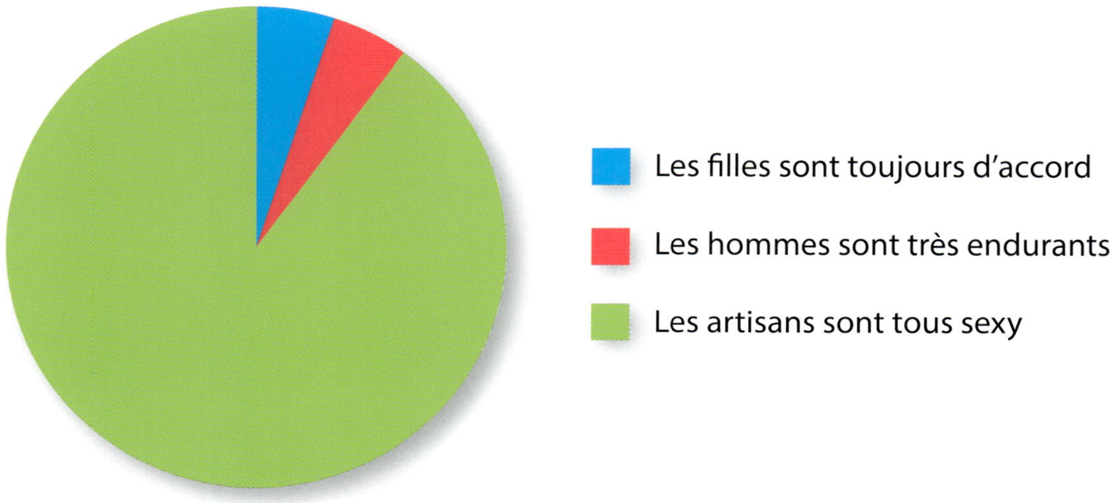

Bientôt Noël !

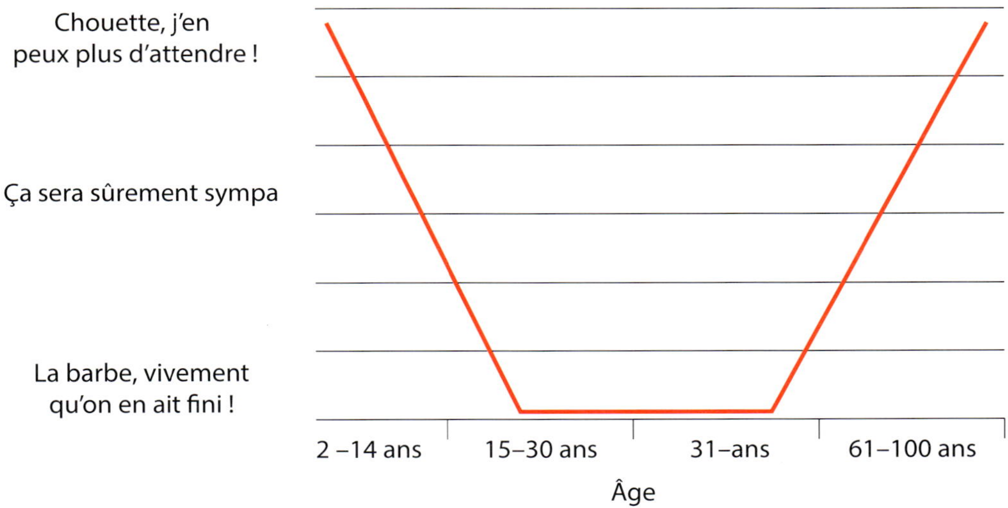

Ce qu'on oublie au spa (d'après la publicité)

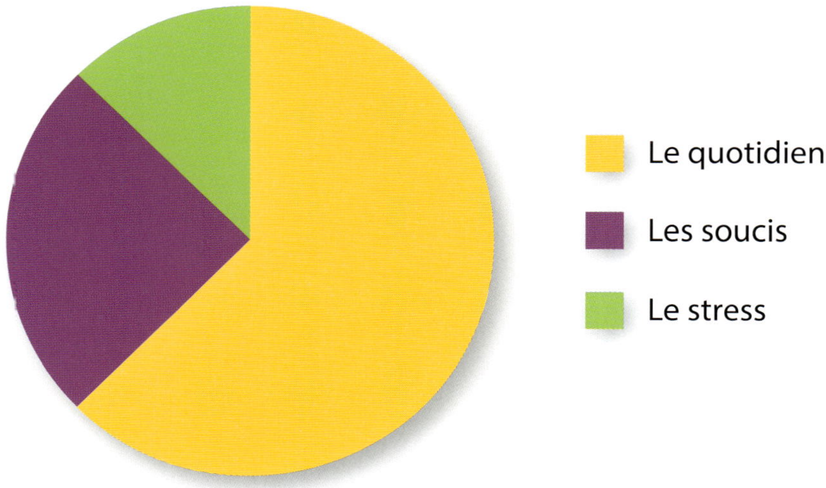

Ce qu'on oublie au spa (dans la réalité)

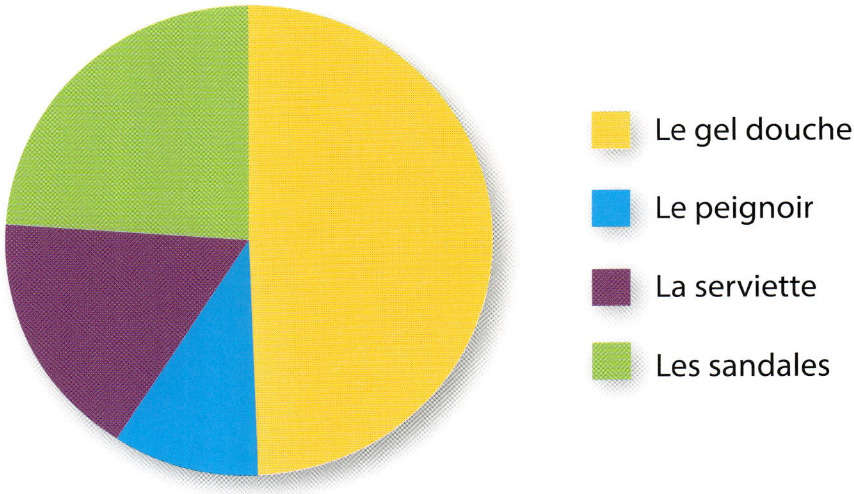

Ce que ma mère pense quand je ne réponds pas au téléphone

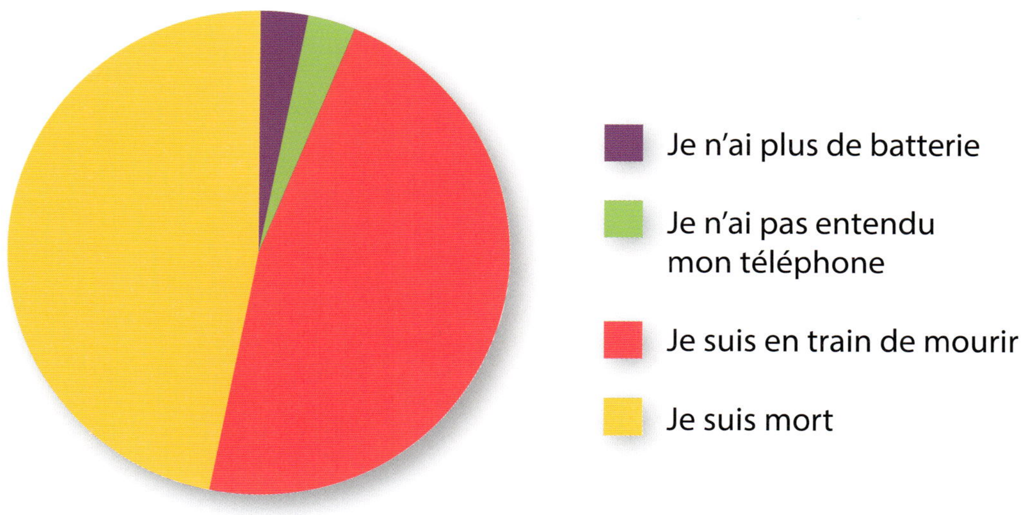

Prix de l'immobilier à Paris

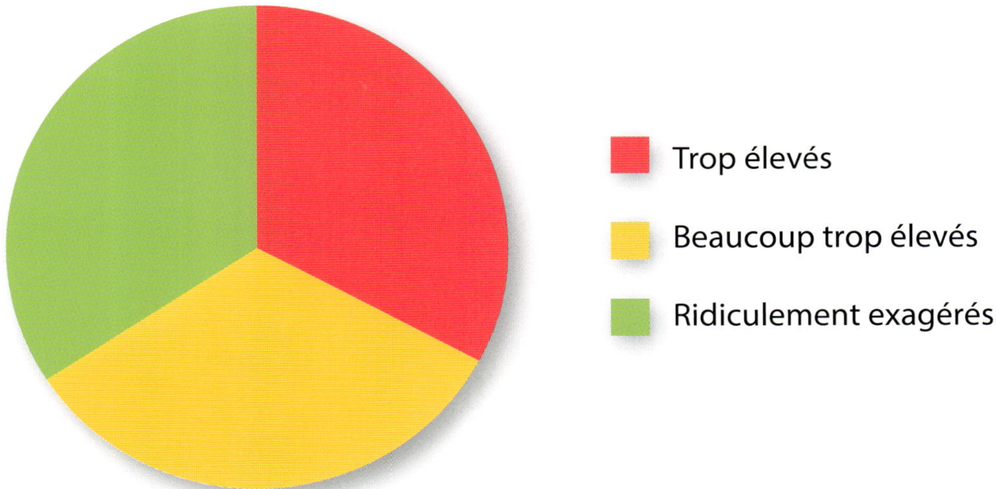

Caractéristiques des super-héros masculins

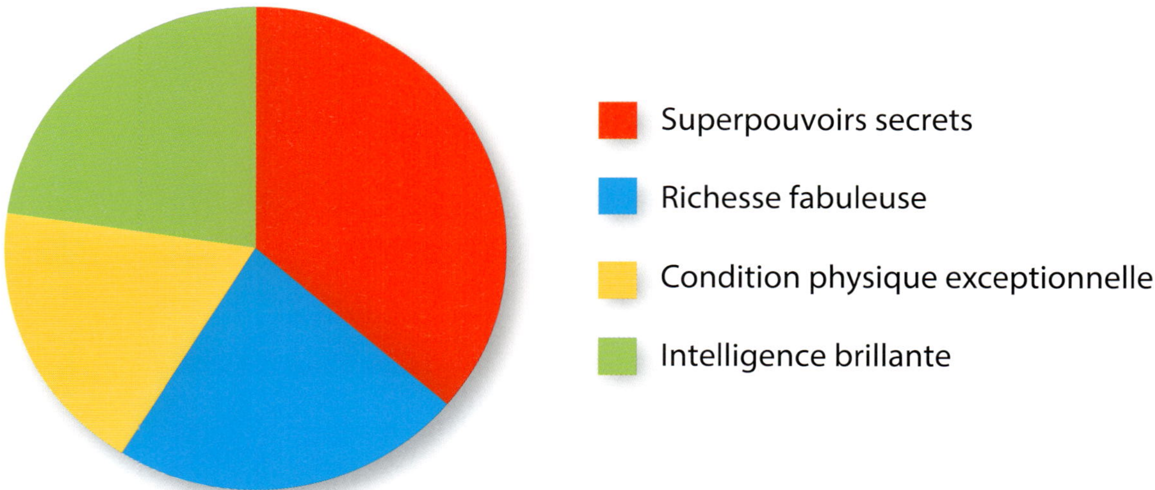

Caractéristiques des super-héros féminins

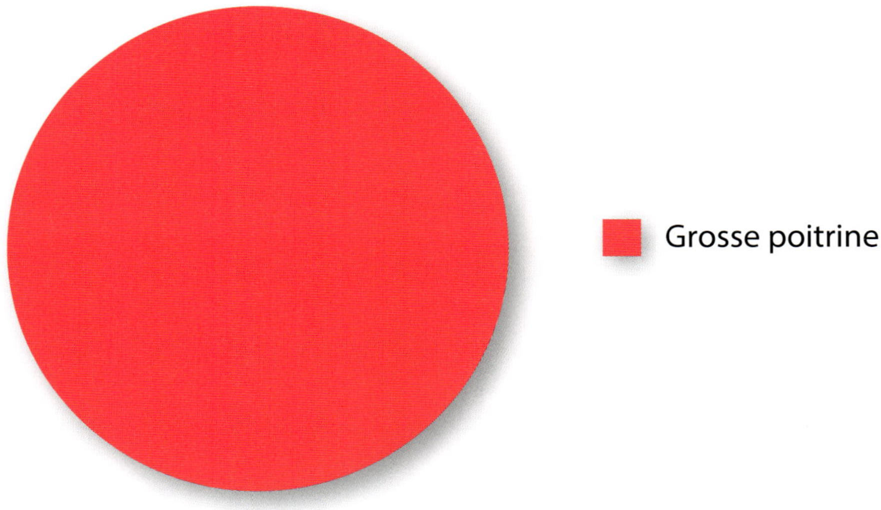

Usages du home trainer

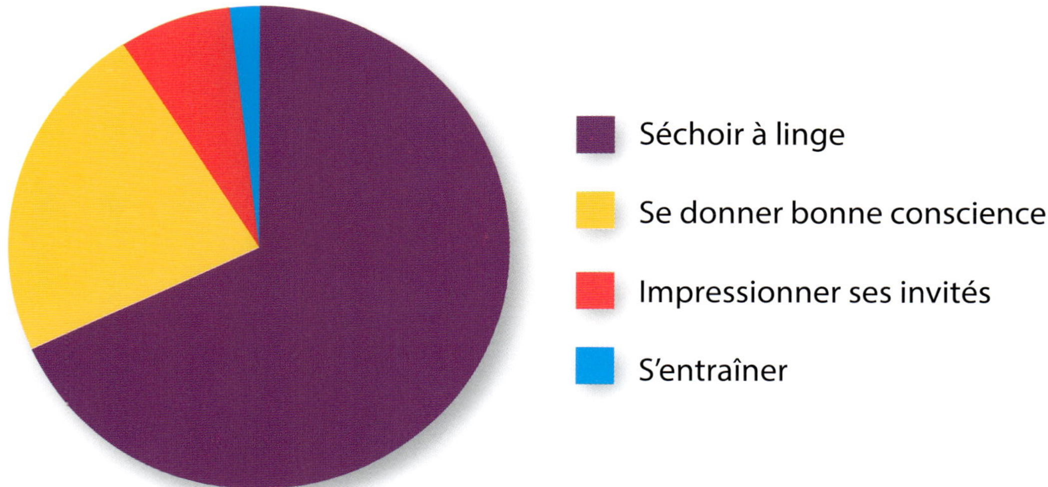

Attrait pour les femmes qui ont de la conversation

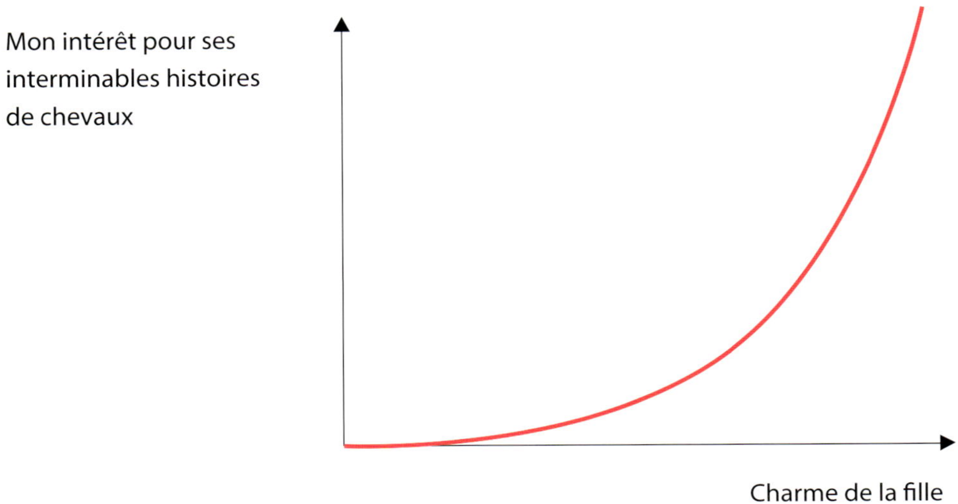

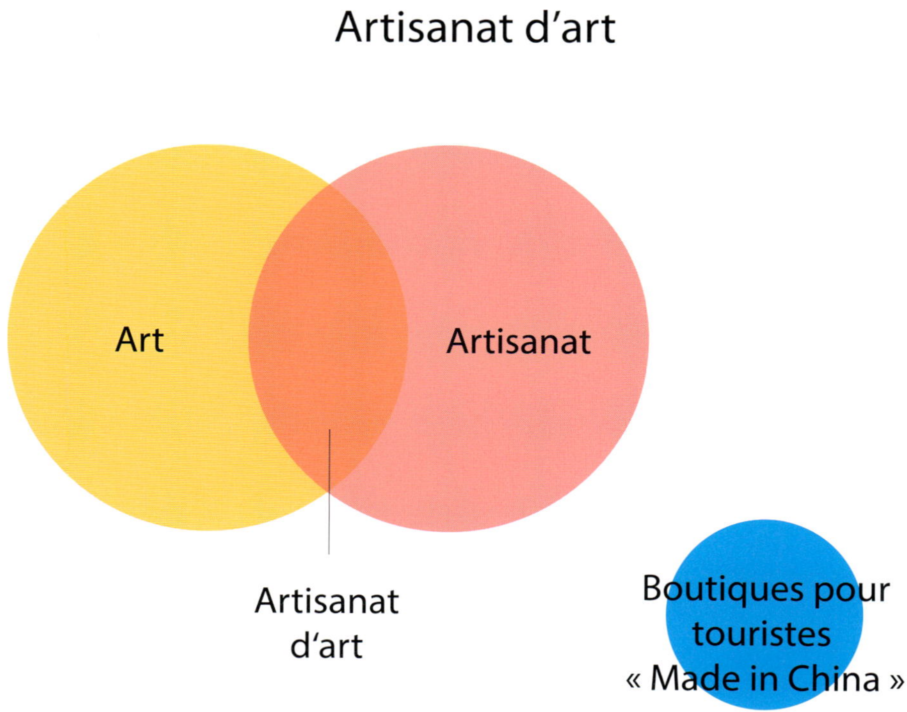
Artisanat d'art
Art
Artisanat
Artisanat
d'art
Boutiques pour
touristes
« Made in China »

Quel est l'âge des hommes qui prétendent avoir 39 ans sur les sites de rencontre

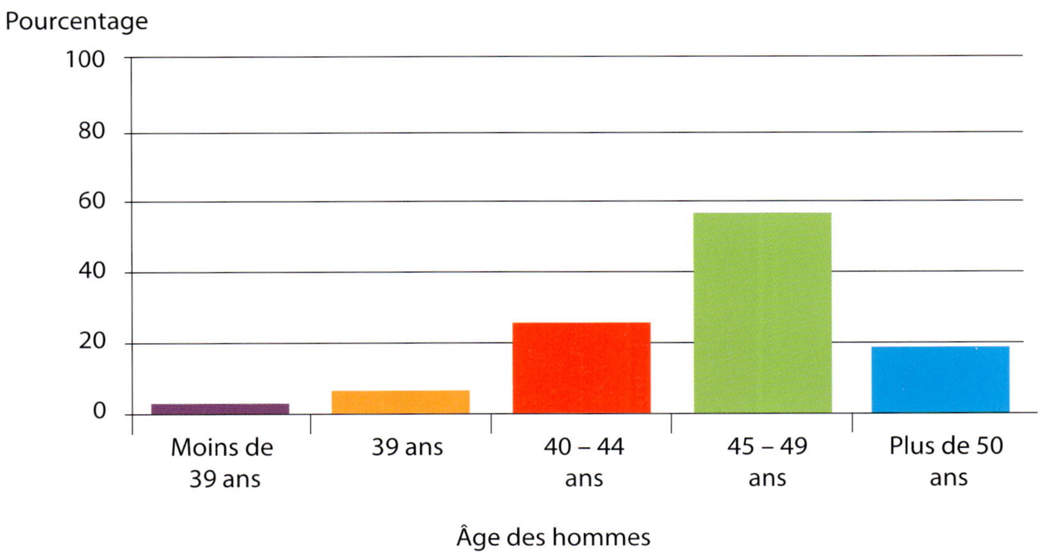

À quoi on reconnaît les intellectuels à la télé

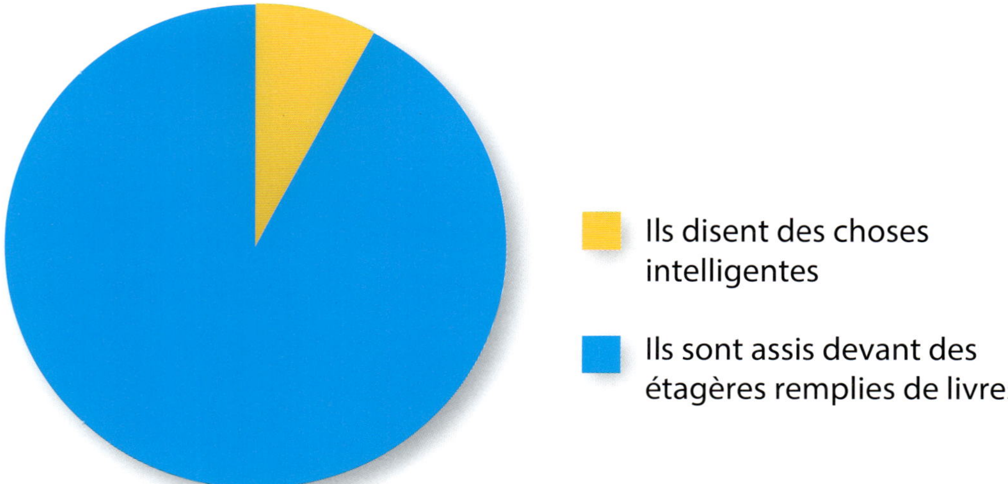

Ce que disent les gens quand le film est fini

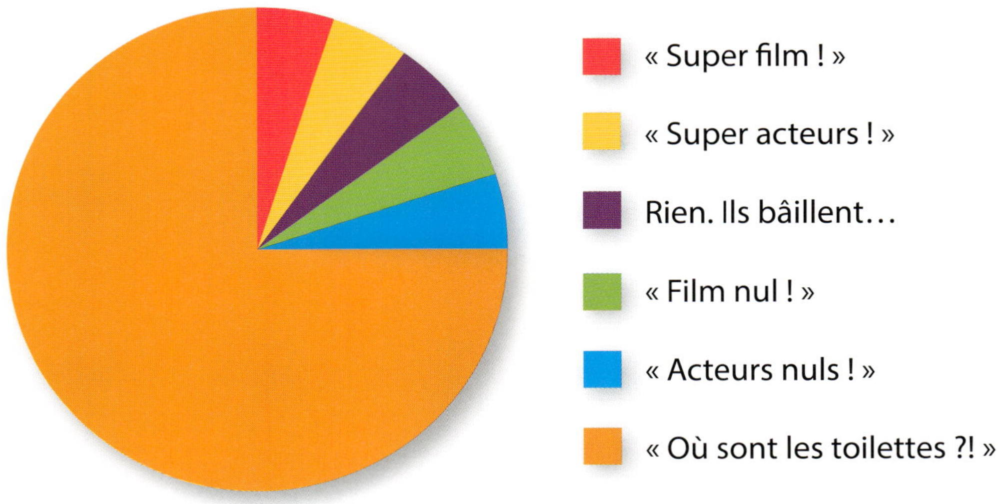

Comment les gens réagissent à la phrase :
« Ne t'énerve pas ! »

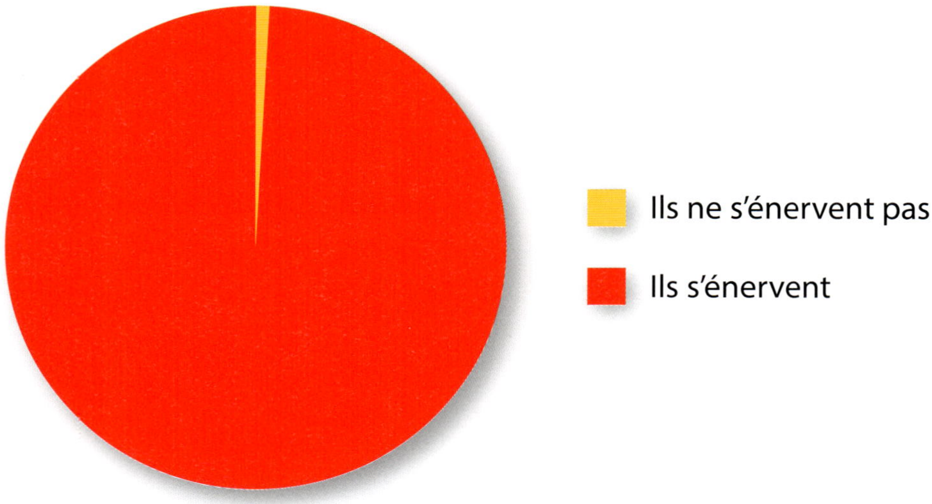

Comment les gens agissent devant les catastrophes naturelles

Dans quels buts les réseaux sociaux ont été conçus

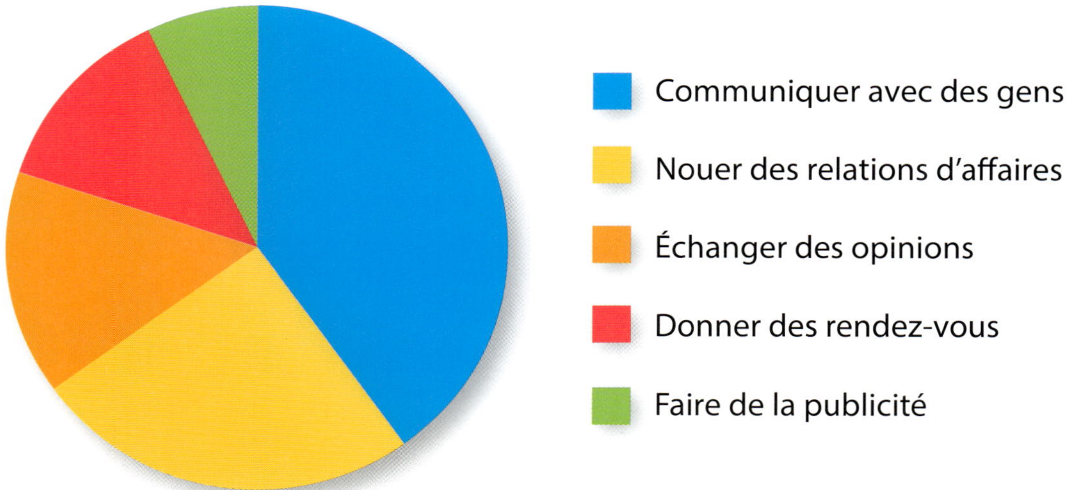

Comment sont utilisés les réseaux sociaux dans la réalité

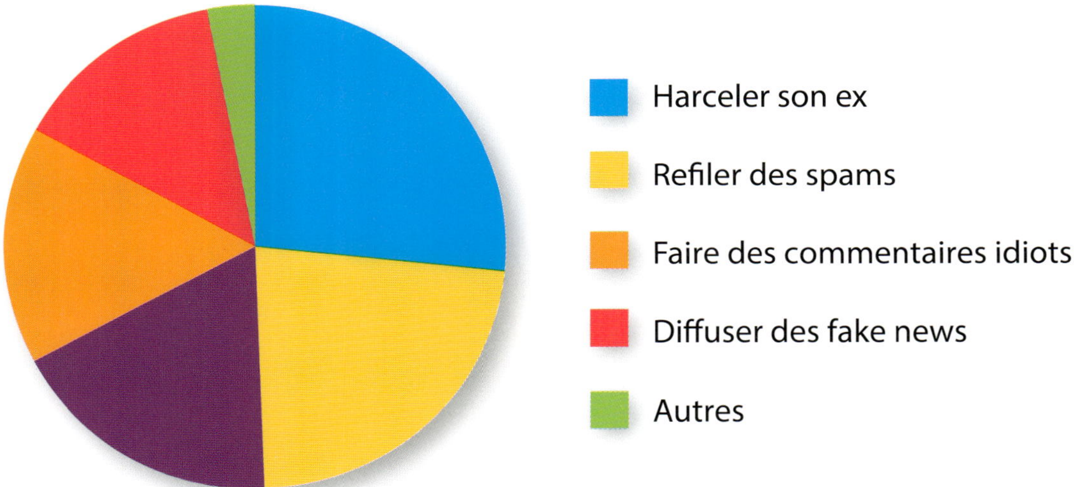

Peut-on vraiment offrir des cartes-cadeaux ?

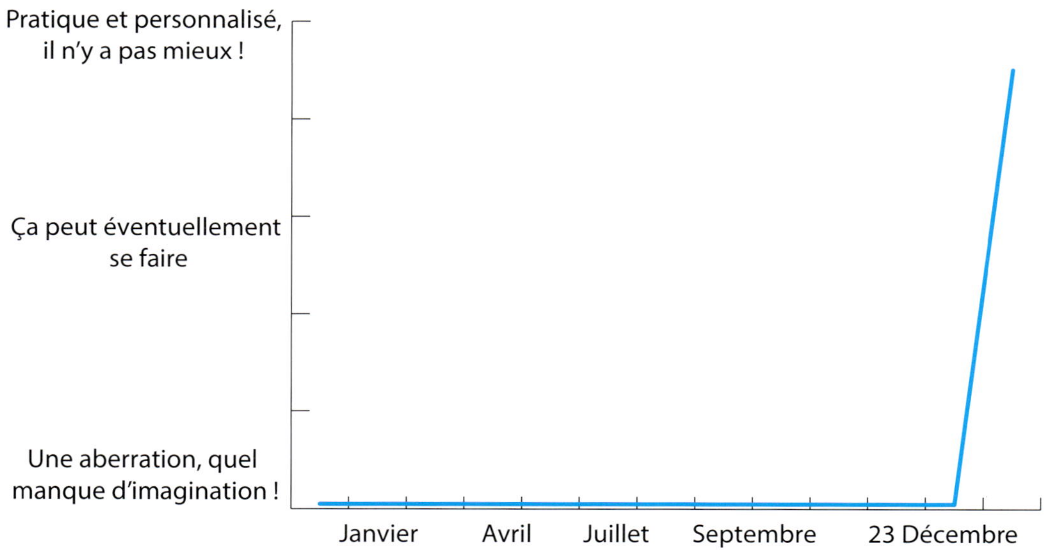

Ce que je confonds souvent

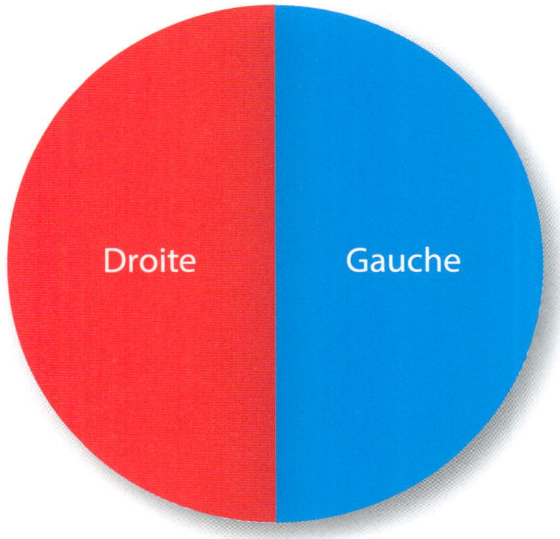

Ce que je pense quand je vois des enfants dans les publicités

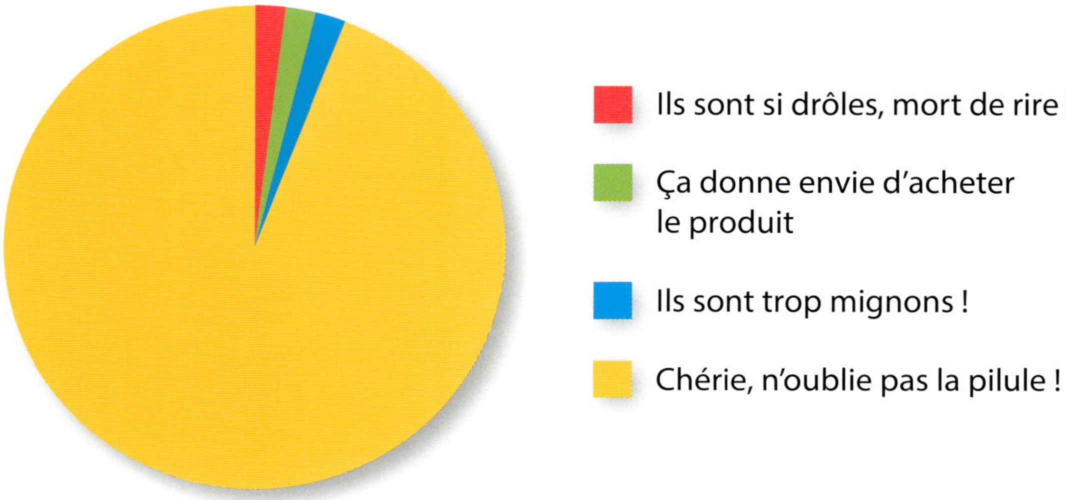

Les sources de mes connaissances sur l'Égypte ancienne

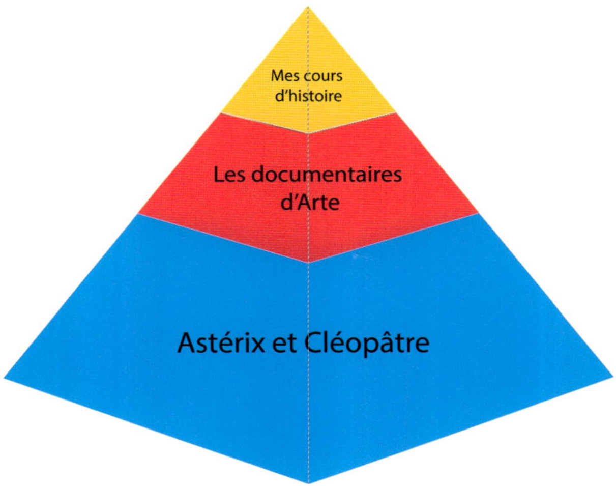

Quand les appareils tombent-ils en panne ?

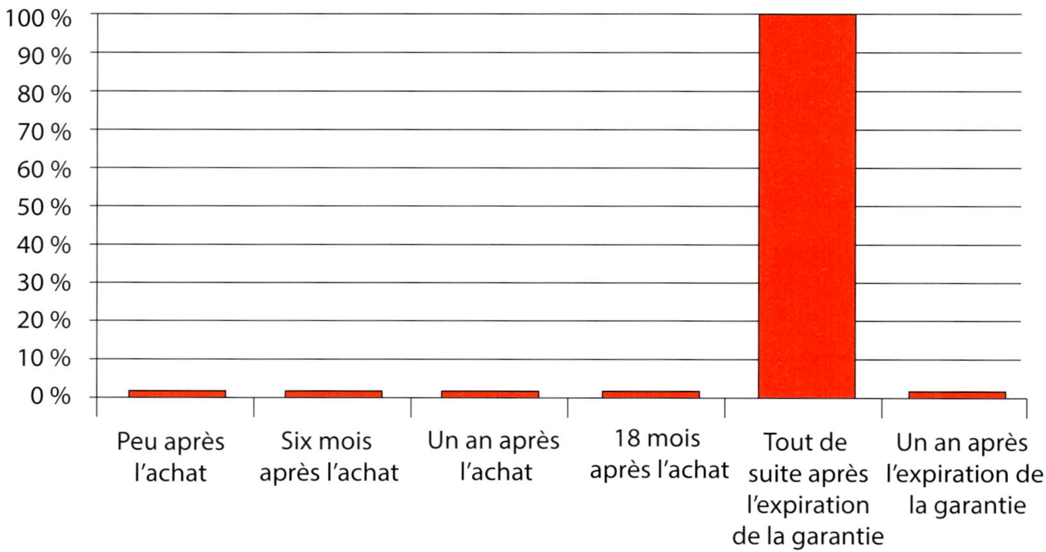

Chaussures

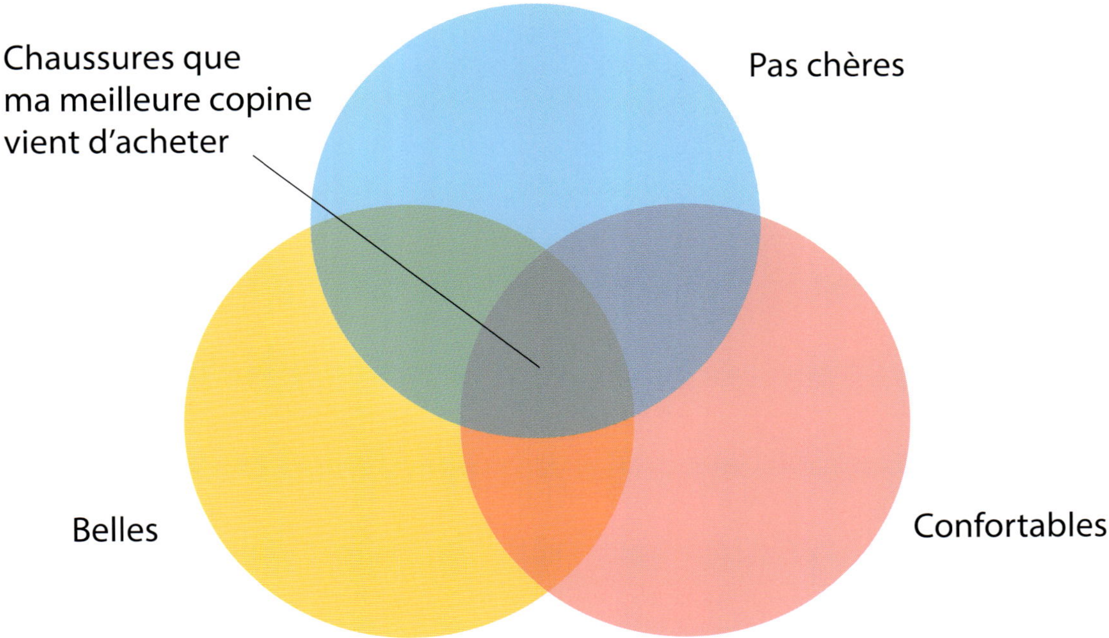
Chaussures que
ma meilleure copine
vient d'acheter
Pas chères
Belles
Confortables

À quoi les hommes sont sensibles chez une femme

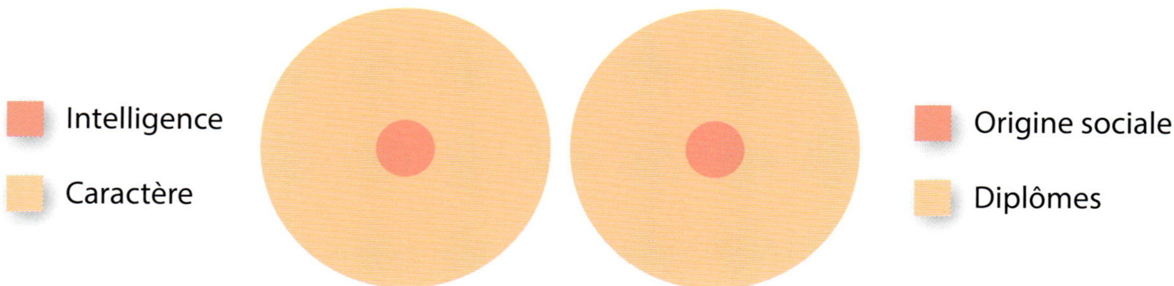

Où trouver de la nourriture chez moi

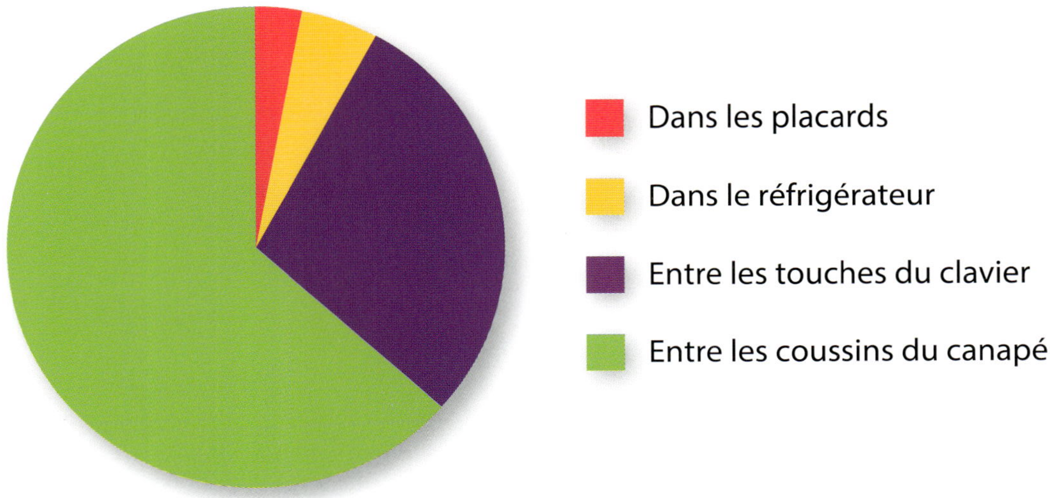

Risques d'internet pour la jeunesse

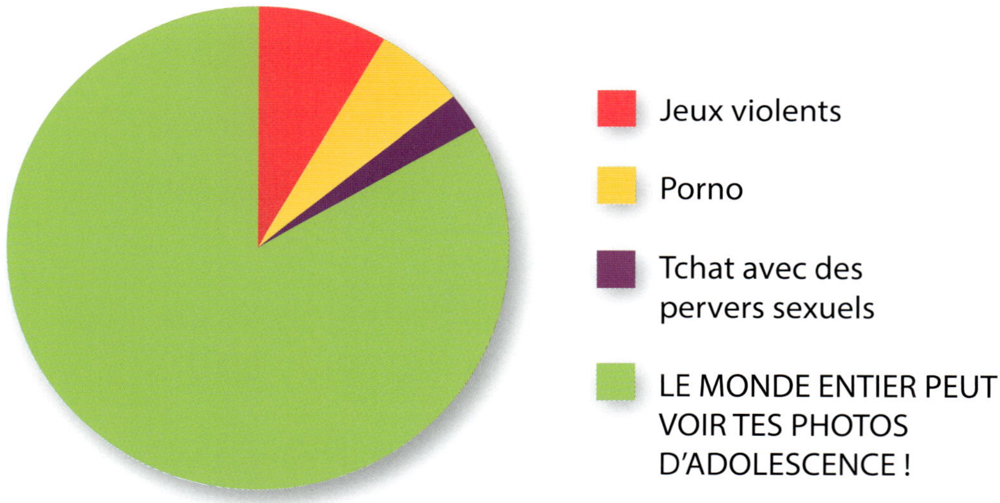

Ce qui contient des vitamines

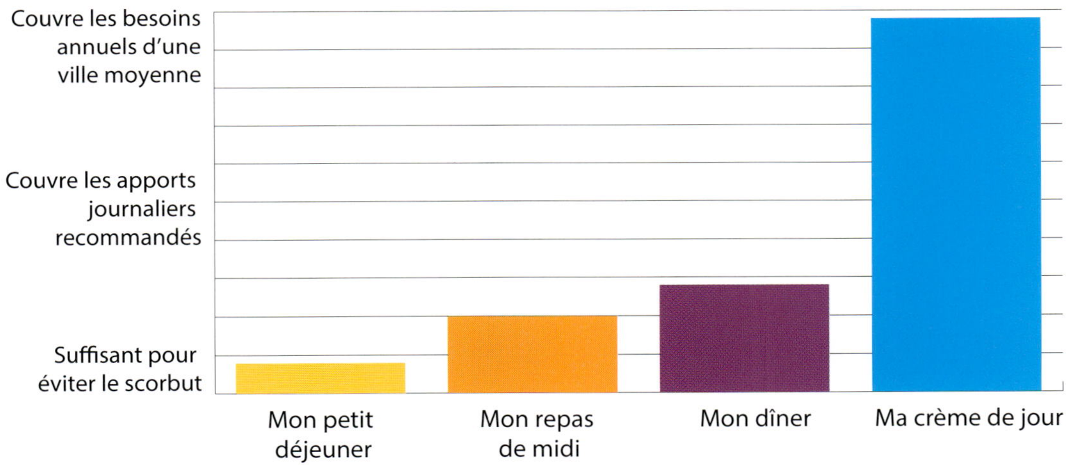

Les jeunes d'aujourd'hui (version 1/2)

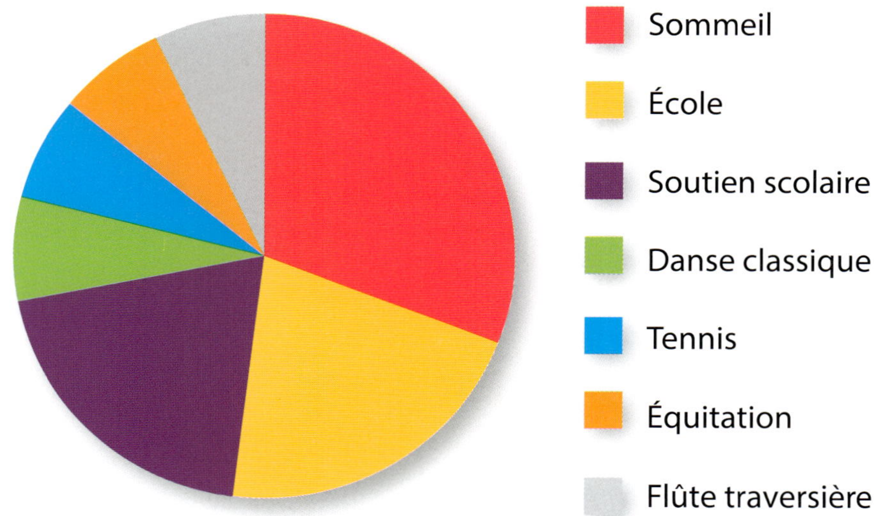

Les jeunes d'aujourd'hui (version 2/2)

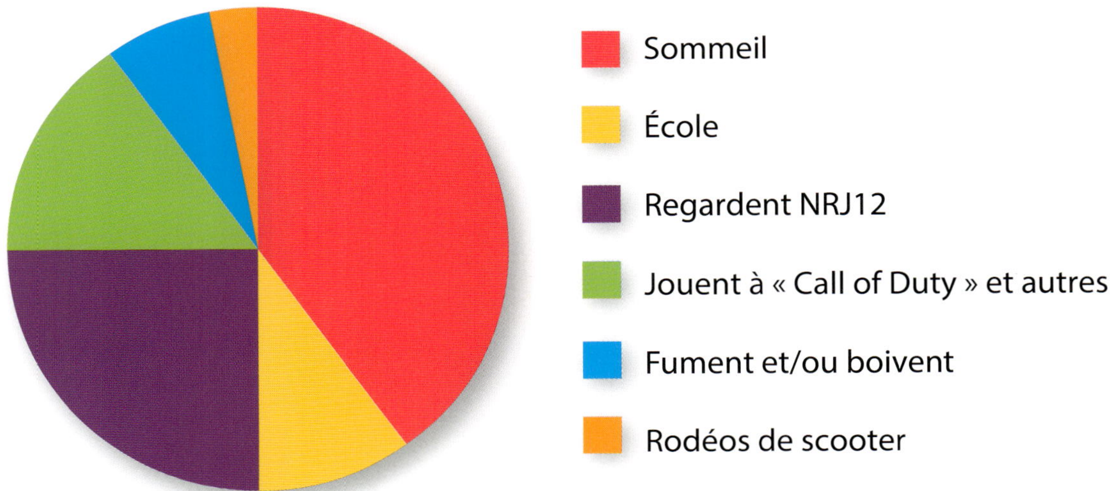

Ce que je fais quand un stylo à bille ne marche plus

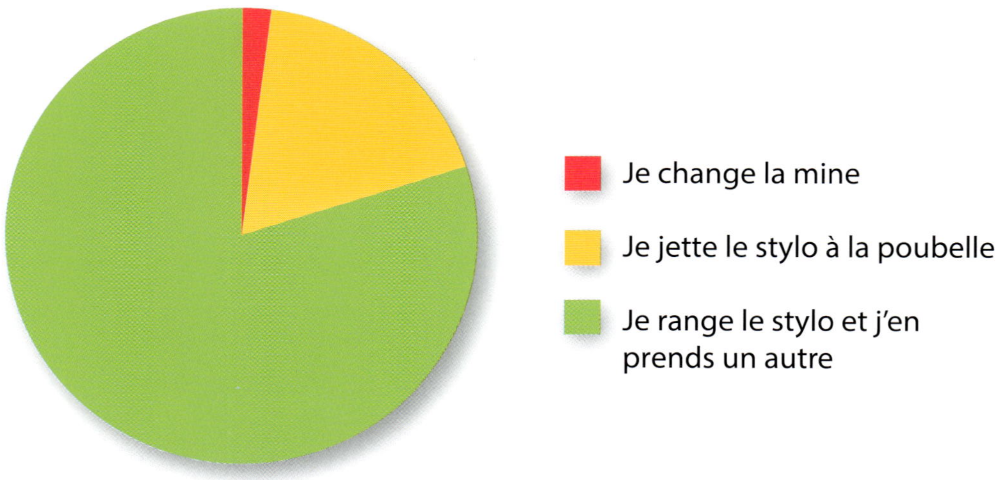

Musique

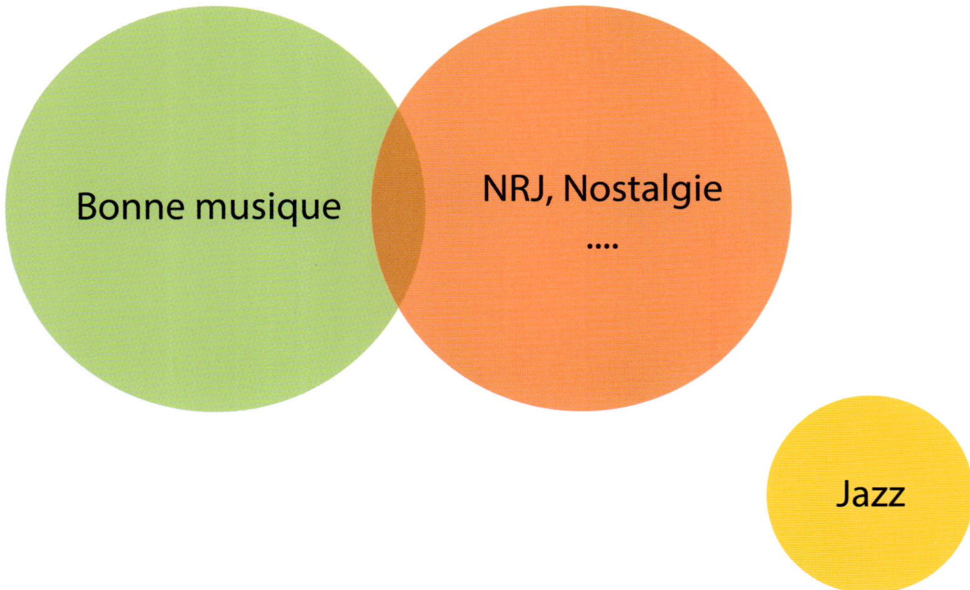

Comment les garçons choisissent leurs vêtements

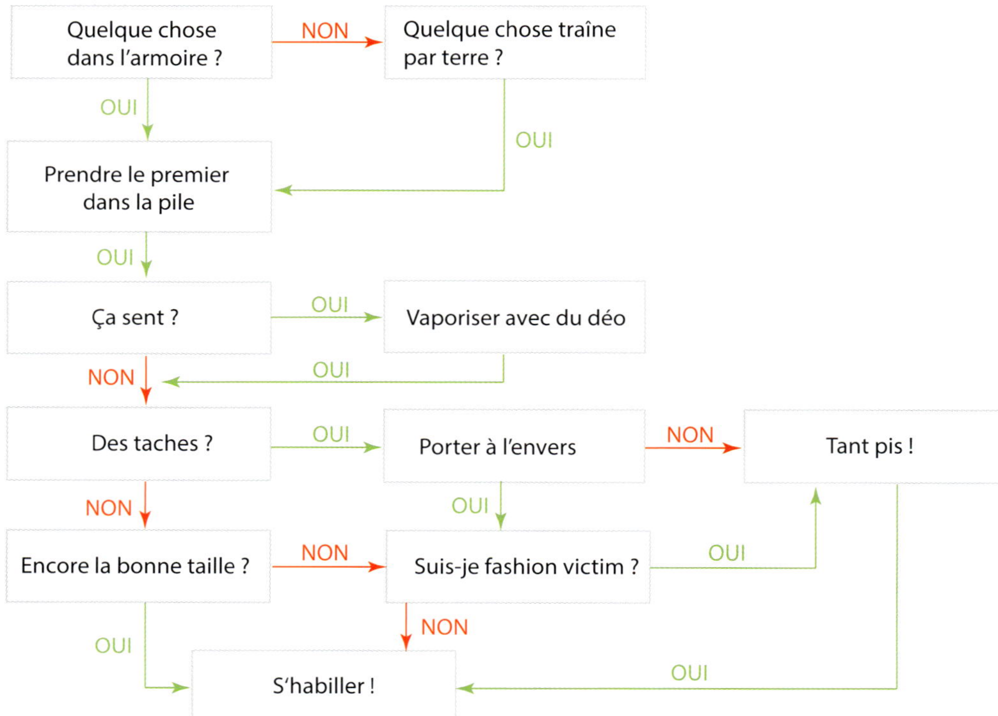

Temps passé sous la douche

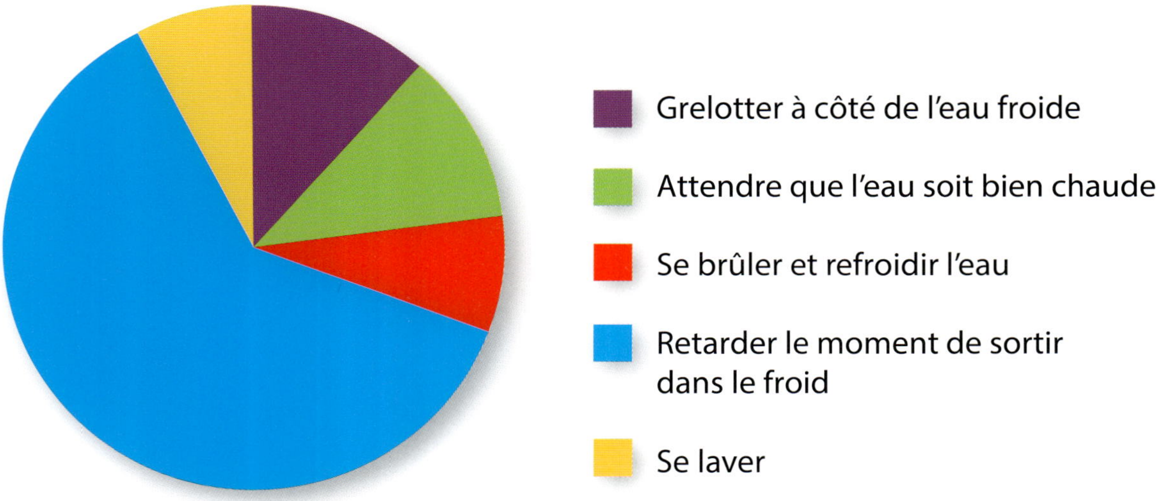

Ce que les femmes achètent – son point de vue à elle

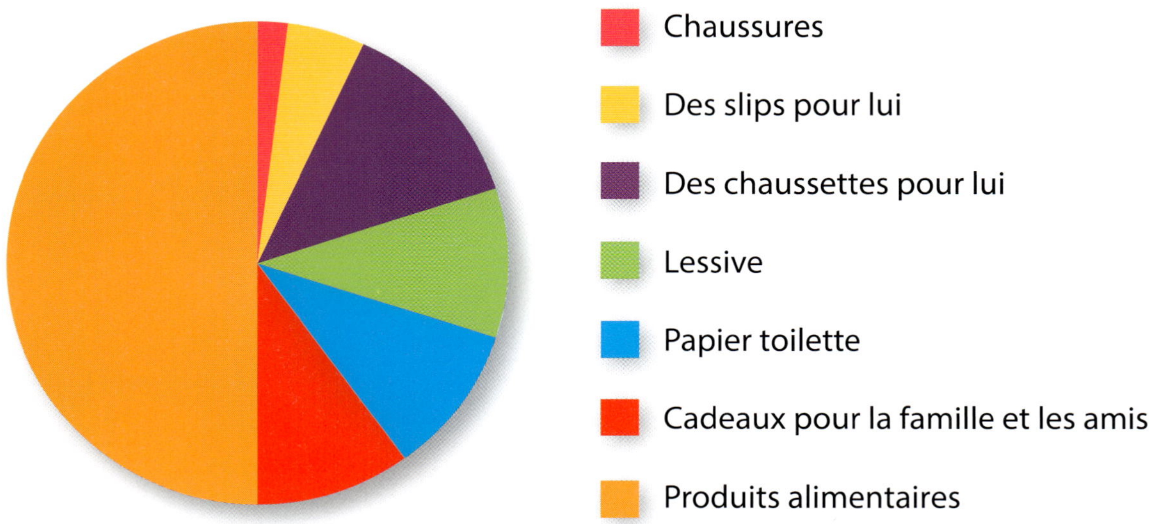

Ce que les femmes achètent – son point de vue à lui

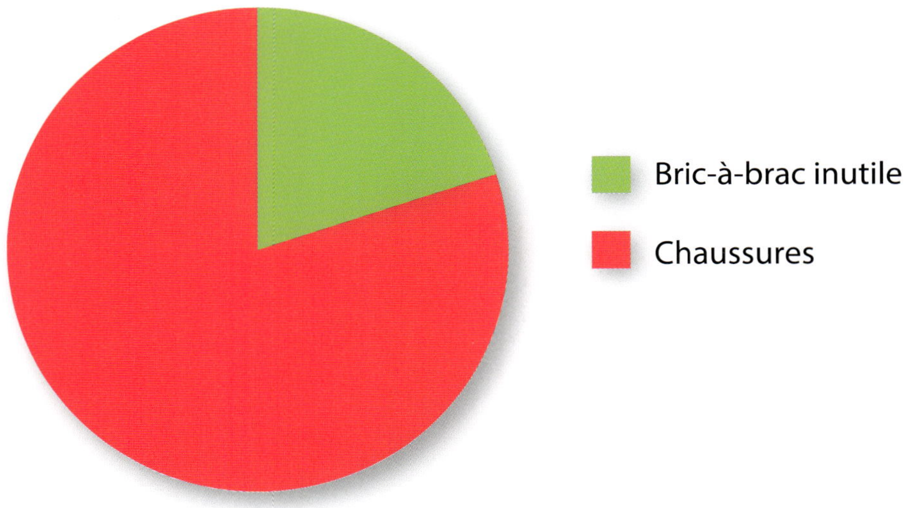

Conversations sur la météo

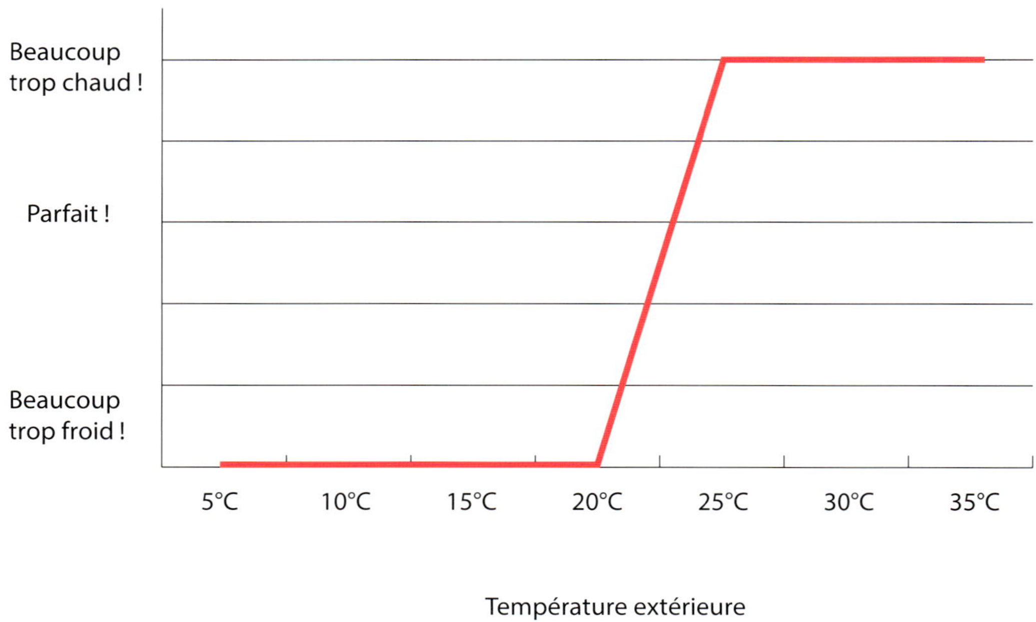

Prophéties antiques

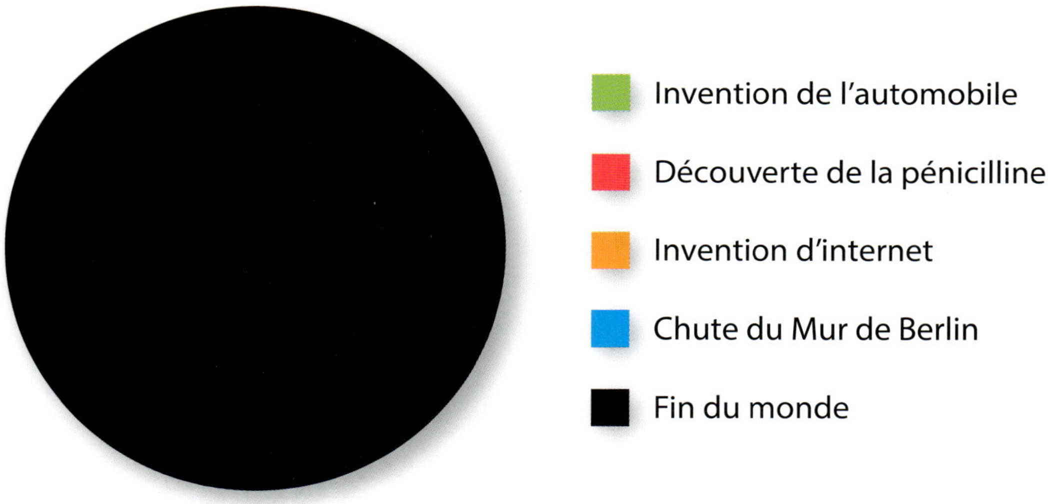

ASTRID FRANCHET
ÉDITIONS

Editions Astrid Franchet
www.editions-astrid-franchet.com

Imprimé en Lituanie par Standartu Spaustuve

Impression : octobre 2017
Dépôt légal : novembre 2017
Version originale :
"Was wir tun, wenn der Aufzug nicht kommt"
par Katja Berlin et Peter Grünlich

Traduit et adapté par Yann et Astrid Franchet
Adaptation graphique : Philippe Schneider / À la folie

ISBN : 978-2-9003015-00-2